柳生好之の The Rules 現代文問題集 4 入試最難関

別冊 問題編

旺文社

大学入試

柳生好之の The Rules 現代文問題集 4 入試最難関

別冊 問題編

問題編 目次

Lesson

Lesson 1

「世界秩序」の話

世界には色々な境界線があります。皆さんが最もよく目にする境界線は国境線ですね。ただし、人々の心の中の対立はもっと複雑です。同じ国の中でも対立があったり、他の国の人々と連帯したりもします。これからの時代を生きる皆さんは、単純な境界線にとらわれすぎないようにして、一人ひとりの心の中の対立に注目することで、問題を解決する思考を身につけていきましょう。

目標：傍線部内容説明問題の解法をマスターする
具体例を挙げる問題の解法をマスターする

文章：標準（約2800字）
出典：池内恵「すばらしい『まだら状』の新世界」
出題校：北海道大学

Lesson 1

試験本番での目標時間 40分

この本での目標時間 45分

▼解答・解説 本冊 8ページ

次の文章を読んで、後の設問に答えなさい。なお、設問の都合で一部省略し、表記を改めたところがあります。

冷戦が終結した時、三〇年後の世界がこのようなものになっていると、誰が予想しただろうか。フランシス・フクヤマ[注1]は『歴史の終わり』で、自由主義と民主主義が世界の隅々まで行き渡っていく、均質化した世界像を描いた。それに対してサミュエル・ハンチントン[注2]は『文明の衝突』で、宗教や民族を中心にした歴史的な文明圏による結束の根強さと、それによる世界の分裂と対立を構想した。

A いずれの説が正しかったのだろうか？ 確かに、世界の均質化は進み、世界の隅々まで到達したインターネットとスマートフォンの上で、自由主義や民主主義の理念も、気軽に手にして呼びかけることができる商品であるかのように普及した。しかしそれらが現実の制度として定着し、実現しているかというと、心もとない。

それではハンチントンの言う「文明の衝突」が生じたのか。確かに、冷戦終結直後のバルカン半島の民族紛争や、二〇〇一年のアル＝カーイダによる九・一一事件をきっかけとした、米国とイスラーム過激派勢力とのグローバルなテロと対テロ戦争の応酬、二〇一四年のイラクとシリアでの「イスラーム国」の台頭、といった事象を並べれば、世界は宗教や民族による分断と対立によって彩られているように感じられる。しかし実際の世界は、文明によって明確に分かたれていない。文明間を分け隔てる「鉄のカーテン」は、地図上のどこにもない。むしろ「文明の内なる衝突」の方が顕在化し、長期化している。イスラーム過激派は世界のイスラーム教徒とその国々を、国内政治においても、国際政治においてもまとめる求心力や統率力を持っていない。実際に生じているのは、イスラーム教徒の間の宗派対立であり、イスラーム諸国の中の内戦であり、イスラーム諸国の間の不和と非協力である。

「イスラーム国」やアル＝カーイダの脅威を受けるのは、なによりもまず中東やアフリカのイスラーム諸国であり、人々は宗教規範を掲げた独善を武力で押し付けるイスラーム過激派の抑圧から逃れるには、劣らず抑圧的な軍部・軍閥の元に庇護を求めるしかない、という苦しい選択を迫られている。

これに向き合って、自由主義と民主主義の牙城となるはずの米国や西欧もまた、求心力を失い、内部に深い亀裂と分裂を抱えている。「欧米世界」の一体性と、その指導力、そしてそれが世界を魅了していた輝きは、多分に翳りを見せ始めている。「欧米世界」は、外からは中国やロシアによる地政学的な挑戦を前にじりじりと後退を余儀なくされ、内からは、英国のＥＵ離脱、米国のトランプ政権にまつわる激しい分断に顕著な、揺らぎと分裂の様相を示している。冷戦後に「欧米世界」に歓喜して加わった東欧諸国をはじめとしたＥＵの周縁諸国からは、あからさまに自由主義や民主主義をかなぐり捨て、ポピュリズムと権威主義の誘惑に身を投げるかのような動きが現れている。

歴史は自由主義と民主主義の勝利で終わったわけでもなく、まとまりをもった巨大文明圏が複数立ち上がって世界を分かつこともなさそうである。

現在の世界秩序を何と呼べばいいのだろうか？　私は試みにそれを「まだら状の秩序」と呼

んでみている。「まだら状」とは何か？　それははたして「秩序」と言いうるものなのか？

現在の世界地図は、政治体制によっても、宗教や民族によっても、明確に分かたれていない。自由主義とイスラーム主義といったイデオロギーによる断裂の線は、地理的な境界を持たず、中東でもアフリカでも、欧米の国々でも、社会の内側に走っている。

個々人の内側も、一方で、手にしたスマートフォンを今更手放せないのと同様に、慣れ親しんだ自由を享受せずにはいられないにもかかわらず、他方で、強い指導者に難問を委ね、即断即決の強権発動で解決してもらおうという心性に、知らずのうちに侵食されている。ここに「まだら」な状態が生じてくる。

「イスラーム国」は、世界が様々な脅威によって不意に「まだら」に侵食されて変容する秩序変化のあり方を、先駆的に示したものだったと言えるのではないか。二〇一四年から二〇一八年にかけて急速に支配領域を拡大し、そして急速に消え去ったC「イスラーム国」という現象は、旧来の世界史記述にあるような帝国や国家の盛衰とは、メカニズムを異にする。組織的な中央政府が秩序立った軍を整備して領域を拡大し、周辺諸国を「併呑(へいどん)」して国境線を外に広げていくのではなく、各地にポツポツと現れた「イスラーム国」への共鳴者たちが、それぞれの街区や町や地域を支配して、「まだら状」に支配領域を広げていく。従来の国家が国境と領土の連続性と一体性を原則とし、面的に広がっていくことを競ったのに対して、「イスラーム国」は地理的な連続性と一体性に囚われない。まるで散らばった水滴が繋(つな)がって水たまりとなり、池となり、やがては大海となるかのように、分散した主体が、各地で同じ方向の同じ動きを繰り返すうちに、外的環境が整うことによって結びつき、奔流のような勢いを持ち始める。

これを既存の国家や国際システムが押さえ込むには、多大な労力と犠牲を必要とする。「イスラーム国」のメカニズムは、イスラーム教の共通の規範体系という前近代に確立された「インフラ」を、グローバル化による移動の自由の拡大、情報通信の手段の普及という現代のインフラと結合させ、双方の恩恵を存分に受け、活用したものだった。確固とした中央組織を持たず、インターネットを通じて不特定多数に対して、イスラーム教の特定の規範の履行義務を繰り返し呼びかけ、自発的な呼応を誘う。これによって各地に「まだら状」に現れた同調者・小集団が個別に行う運動を、インターネット上で集約し、一つのものとして発信し、認知させる。それがまた新たな呼応者を生んでいく。

各個人がイスラーム主義の理念に惹(ひ)かれ呼応する、内なる動因に依拠した運動を抑圧するには、多大な自由の抑圧を伴いかねない。イスラーム過激派を抑圧するための行動が、自由主義と民主主義の抑圧をもたらしてしまうというジレンマである。「イスラーム国」が活性化した二〇一四年から二〇一八年にかけて、それを根絶するために、自由主義と民主主義の側が自らの理念を返上し、結果的に「イスラーム国」の理念が勝利するというディストピア(注3)の実現のすれすれまで、世界は知らずのうちに追い込まれたとも言えよう。「イスラーム国」の組織の消滅は、「イスラーム国」の理念を撲滅したわけでもなく、さらに、「イスラーム国」が「まだら状」に発生し拡大することを可能にしたグローバル化と情報通信技術の普及を止めたわけでもない。D 同様の事象は、条件が変わらなければ、今後常に起こりうる。それは中東やイスラーム世界から起こるとは限らない。グローバルな条件が可能にする、グローバルな危機の震源は、「まだら」な世界地図のひとつひとつの斑点のように、世界各地に、究極的にはわれわれ一人ひとりの内側に、点在している。

（池内恵「すばらしい『まだら状』の新世界」より）

（注）＊1　フランシス・フクヤマ……米国の政治学者（一九五二〜）。『歴史の終わり』は、原著一九九二年刊。
＊2　サミュエル・ハンチントン……米国の政治学者（一九二七〜二〇〇八）。『文明の衝突』は、原著一九九六年刊。
＊3　ディストピア……反理想郷。暗黒世界。

問1　傍線部**A**「いずれの説が正しかったのだろうか」という問いに対して筆者はどのように答えていますか。本文中から七〇字以内で抜き出して答えなさい。

問2　傍線部**B**「文明の内なる衝突」の具体例を二五字以内で挙げなさい。

問3　傍線部**C**「『イスラーム国』という現象は、旧来の世界史記述にあるような帝国や国家の盛衰とは、メカニズムを異にする」とありますが、いかなる点において異なるのですか。四〇字以内で説明しなさい。

問4　傍線部**D**「同様の事象は、条件が変わらなければ、今後常に起こりうる」とありますが、この「条件」とは何ですか。三〇字以内で述べなさい。

問5　波線部「まだら状の秩序」とはどのようなものですか。本文全体を踏まえて八〇字以内で説明しなさい。

Lesson 2

「貨幣」の話

お金というと、普段使ってはいるもののあまり深く考えたことがないという人も多いかもしれません。しかし、資本主義の世界ではお金で世の中が回っています。ですから、大学に入り社会に出ていく準備として、貨幣について深く考えておくことはとても意義があります。人々の幸福や不幸には、結局のところお金にまつわるものがとても多いのです。

目標：傍線部理由説明問題の解法をマスターする
内容真偽問題の解法をマスターする

文章：標準（約2900字）
出典：大澤真幸『恋愛の不可能性について』
出題校：上智大学（改）

Lesson 2

試験本番での目標時間 30分

この本での目標時間 35分

▼解答・解説 本冊24ページ

次の文章を読んで、後の設問に答えなさい。

X 貨幣をまさに貨幣として可能ならしめる機制は、自然数の構造と完全な相同性をもっている。貨幣とは、市場に登場する任意の事物（物質的・情報的・関係的な任意の資源）に対する請求権であり、まさにそのことによって、それらの事物の（市場における）価値を表現するメディアである。貨幣によって価値を表現されうる任意の事物が、潜在的・顕在的な「商品」（「商品」となりうるもの）であり、市場に参入しうる要素と見なされる。繰り返せば、このような意味での貨幣をもたらす機制は、自然数を定義するような条件と対応させて理解することができる。このことをまず説明しておこう。

ニクラス・ルーマンは、貨幣を「シンボルによって一般化されたコミュニケーション・メディア」の一例と見なしている。シンボルによって一般化されたコミュニケーション・メディアとは、第一に、提起された選択の受容と拒否の双方に開かれた状況を作りだし、その上で第二に、受容の方に拒否よりも高い選好を配分し、受容が生起する確率を高めるような働きをもったメディアである。つまり、この種のコミュニケーション・メディアは、実現された選択（意味提案）が引き続く選択の中で肯定的に前提にされる蓋然性（がいぜんせい）を高めるように作用するのだ。このような作用をもつために、各メディアには、それぞれに固有な状況の二元的なコードが対応している。それが、受容と拒否に対応する相互否定的な値によって、状況を表示するのだ。

たとえば、1「権力」は、シンボルによって一般化されたコミュニケーション・メディアである。ある人物がべつの人物に何かをしてほしいと依頼したとしよう。もちろん受け手は、依頼を拒否することもできる。しかし、ここに送り手から受け手への権力が作動していたとしたら、受け手が拒否する可能性は大幅に減少するだろう。権力とともに発せられた依頼は、「命令」という形態をとる。権力に相関したコードは、「命令の受容／拒否」である。2貨幣は、経済システムにおいて作動する、この種のメディアである。貨幣に対応したコードは、ルーマンによれば、「支払うこと／支払わないこと」の二項対立だ。だが、私の考えでは、貨幣のコードを、このように貨幣の所有者（商品の買い手）の視点から表示することは、誤りではないが、事態の本性を逸する危険性をもっている。コードは、逆の側から、つまり商品の所有者（売り手）の視点から表示される方がより適当である。この場合、コードは、「売ること（貨幣の受容）／売らないこと（貨幣の拒否）」の対立である。

確かに、貨幣は、その所有者に支払いと非支払いの可能性を開くが、この点にのみ着眼したのでは、貨幣が、肯定的な選択肢（支払い）の方により高い選好を配分するとは必ずしもいえないだろう。買い手は、支払いと非支払いにまったく同じ程度に接近可能であり、好ましくない商品に対して支払わなかったとしても、特に否定的な状況に直面するわけではない。そうであるとすれば、貨幣が「シンボルによって一般化されたメディア」であるという理解が、没概念化してしまう。この種のメディアは、肯定的な選択肢を促進する効果によって定義されていたのだから。他方、全面的に展開した貨幣経済の中では、「売ること」を完全に拒否することは非常に困難なことである。第一に、貨幣経済下では、誰もが、――所有するすべてではないにせよ――何かを売り、貨幣を入手せざるをえない。たとえば「自由な労働者」は、「労働力」を売らざるをえない。そして第二に、いったん市場に投入されてしまった商品は、原則として、提示された（そして、その価値に見合った量の）貨幣を拒否することができない。つまり、貨幣というメディアが刺激している肯定的な選択肢とは、「支払い」ではなく、「売り」なのである。こう捉えなおすことで、ルーマンのメディア概念の含意を、より鮮明に引き出すことができる。そしてまた、ここに、貨幣の可能性を支持している機制を理解するための鍵もある。

　貨幣を受け取ることとは、本当は、3危険な選択である。貨幣は媒介に過ぎず、欲求の最終的な対象ではないからだ。最終的なゴールは、何らかの商品——財やサーヴィス——にある。貨幣を受け取ってしまうことは、ゴールに達する前に、自身の所有物（の価値）を放棄してしまうことを意味している。もちろん、商品を買った側は、ゴールに達したのだから、もう安全である。しかし、商品を売って、貨幣を受けとった側は、ゴールに到達するために、まさに彼が欲求する財やサーヴィスを所有している他者を探し出さなくてはならない。しかも、仮にそのような他者を見出すことができたとしても、その他者が、貨幣を受け取る準備がある（売ることを受け入れる）とは限らない。貨幣が受容されることの保証は、決して、あらかじめ与えられてはいない。

　逆にいえば、4人が貨幣を受容するのは、つまり自身の所有物を売るのは、その貨幣を受容する（売る準備のある）他者が存在しているという信憑（しんぴょう）があるからである（実は、この信憑には究極の根拠はないのだが）。つまり、貨幣を貨幣たらしめているのは、（その貨幣に対する）他者の欲求なのである。自己の欲求は、ここに直接的には介在する必要はない。自己は、ただ他者が貨幣を欲求するがゆえに、貨幣を欲求するのだ。つまり、自己は、他者の欲求を反復しているのである。

だが物語はここで完結するわけではない。自己と同じ事情は、貨幣を受け取ることになる他者においても成り立っているからである。つまり、他者が貨幣を受け取るのは、さらに外部に、やはり貨幣を受け取ることになる他者が存在している（と信じられている）からである。したがって、貨幣の受け取りを可能にしているのは、この「他者の他者」の（貨幣に対する）欲求である。だから、ここでは、さしあたって次のような結論を得ることになろう。すなわち、貨幣を貨幣として機能させているのは、任意の貨幣の受け取り手（他者）に対して、その貨幣を受け取ることになる後続の他者（他者の他者）が存在していることである、と。このことを明示したのが、岩井克人である。

こうして、貨幣の可能性の条件が自然数の構造と同型である、という最初に提起した言明の意味が、明らかになるだろう。自然数とは、単純化してしまえば、次の二つの条件を通じて定義される無限（集合）である。すなわち、第一に、「0」は自然数に含まれること、第二に、nが自然数であるならば、その後続（n＋1）も自然数であること。この二条件から、いわば「最も小さい」無限――可算無限――が構成される。ここで「自然数の集合」を「貨幣の受け手（売る準備のある者）たちの集合」に置き換えれば、いま述べてきたような貨幣の条件を得ることができる。貨幣の受け手となる他者が存在すること、その他者に対してさらに他者が存在していること。つまり、貨幣を受け取るということは、自然数の無限性に対応する無限の受け手（他者）の系列を先取りしていることと等価な事態なのだ。

（大澤真幸『恋愛の不可能性について』より）

（注）＊ニクラス・ルーマン……社会学者。
＊蓋然性……あることが実際に起こるか否かの確実さの度合。
＊コード……ある事物や情報を表すための記号、またはその変換の規則。
＊岩井克人……経済学者。

問1 傍線部**1**のように言えるのはなぜですか。次の中からもっとも適切なものを一つ選びなさい。

① ある命令が受容されるか拒否されるかが考慮されているときに、権力は有無を言わせずに命令が受容されるように人に働きかける作用を有するから。

② 権力はつねにある命令を受容するか拒否するかの双方の選択が可能になるような状況を作り出し、その上で命令する側とされる側のあいだにいっそうコミュニケーションが生起する可能性を高めるから。

③ 権力は言語を介したコミュニケーションによって人の意識に働きかけることで、命令の受容が実現する可能性を高めるように作用するから。

④ 人がある命令を他者に発したときに、権力はその命令に対する反応として、受容か拒否かの選択のうち、受容という選択が実現する確率を高めるように働きかけるから。

問2 傍線部**2**に関する筆者（大澤）の考えとしてもっとも適切なものを次の中から一つ選びなさい。

① 貨幣は非支払いという選択肢よりも、支払いという選択肢を選ばせるようにその持ち主に働きかける。

② 貨幣は「売ること／売らないこと」という可能性を開くものの、とくにそのどちらかの選択肢を選ぶように促進する作用を有していない。

③ 貨幣は商品の買い手に支払いという選択の可能性だけを示し、非支払いという選択を不可能にする。

④ たとえ人はある商品に対して非支払いという選択肢を選びとったとしても、否定的な状況に置かれるとは言えない。

問3 傍線部**3**のように筆者（大澤）が考えるのはなぜですか。次の中からもっとも適切なものを一つ選びなさい。

① 貨幣を受け取ることで、貨幣それ自体が自身の欲求する財やサーヴィスであるかのように認識するという変化が起きる可能性があるから。

② 欲求する財やサーヴィスを持つ存在を見つけたとしても、その人がそれを売り渡すことを拒絶する可能性があるから。

③ 貨幣の価値が将来的に低下することがあり、欲求する財やサーヴィスを手に入れられなくなる可能性が残るから。

④ 貨幣を受け取ると、欲求する財やサーヴィスを手にしていないにもかかわらず、それを所有したような感覚が生み出されるから。

問4 傍線部**4**の行為を成り立たせる条件について筆者（大澤）はどのように考えていますか。次の中からもっとも適切なものを一つ選びなさい。

① 貨幣によって商品を購入したいという人々の欲求が存在することが貨幣を貨幣たらしめている。

② 自分が手にする貨幣を入手したいと思う別の人が存在することが貨幣を貨幣たらしめている。

③ 魅力的な商品を所有したいという他者の欲求が存在することが貨幣を貨幣たらしめている。

④ 自己の所有物の買い手を見つけたいと思う人々がいることが貨幣を貨幣たらしめている。

問5　本文の内容に合致するものを次の中から一つ選びなさい。

①　ルーマンは貨幣を「シンボルによって一般化されたコミュニケーション・メディア」と見なし、貨幣に対応したコードを商品の買い手の視点から捉えている。

②　全面的に展開した貨幣経済の中では、誰もが貨幣を入手せざるをえず、貨幣が欲求の最終的な対象になる。

③　貨幣経済が浸透した状況下においては、好ましくない商品に貨幣を支払わなかったら否定的な状況に直面することがある。

④　貨幣の受け取りを可能にしているのは、自己が欲する財やサーヴィスを「他者の他者」も欲するという信憑である。

問6　波線部Xは貨幣のどのような条件を念頭に置いていますか。句読点等を含めて五〇字程度で説明しなさい。

問7　波線部Yは自己のどのような事情のことを言っていますか。句読点等を含めて四〇字以内で説明しなさい。

Lesson 3

「哲学と科学」の話

哲学と科学は、それぞれ異なる性質を持っています。現代社会は科学の力によって発展してきましたが、科学では説明できない問題も存在します。その一つが「人生の意義」についてです。科学が説明する客観的な世界像では私たち一人ひとりが生きる意義が説明されていません。私たちが生きるためには、自分の人生について深く思考する「哲学」が必要なのです。

目標：空所補充問題の解法をマスターする
キーワード説明問題の解法をマスターする

文章：短い（約1700字）
出典：中島義道『明るいニヒリズム』
出題校：早稲田大学（改）

Lesson 3

試験本番での目標時間 25分

この本での目標時間 30分

▼解答・解説 本冊42ページ

次の文章を読んで、後の設問に答えなさい。

武井麻子の『感情と看護』は優れた看護の本だが、その最後の部分で「負の能力」という概念を紹介している。

> 多くの精神療法家が好んで引用する言葉に、キーツの詩に出てくる「負の能力」という言葉があります。負の能力とは、「不確かさ、不思議さ、疑いのなかにあって、早く事実や理由を摑もうとせず、そこに居続けられる能力」のことです。もともとは詩人にとって不可欠の能力としてキーツが語ったものですが、精神療法家にも同じ能力が必要だというのです。何かができる能力でなく、何もできない無力感や空しさに耐える能力のことです。（土居健郎『新訂　方法としての面接』）

まさに、この「負の能力」こそ、哲学する能力と言っていい。「不確かさ、不思議さ、疑いのなかに……居続けられる能力」は、一見消極的態度に見えるが、そうではなく、何ごともごまかさずに見てみれば、考えてみれば、感じてみれば、不確かで不思議なことばかりである。でも、日常生活においては、とにかくいま起こった事態を何らかの仕方で処理し結果を出さねばならず、「そこに居続ける」ことはほぼ禁じられる。

哲学者という人種が何らかの存在意味を持ちうるとすれば、ほとんどの人がこうして首をかしげながらも絶え間なく次へ次へと進んでいく中で、そうすることを拒否し、「私が死後無に帰するのなら、私の人生に何の価値もない」という言葉が示す場所に居続けることだ、二〇歳のころ私はそう思った。

しかも、哲学者はあらゆる科学者とは区別される。科学者とは、いかなる対象にかかわろうと、やはり「客観的なもの」にかかわっている。その最たるものが、客観的世界である。それは、私の存在とは関係なく存在していて、いや私をその微小な一部として取り込む広大な世界である。それは、時間的には一五〇億年以上も続いた世界であり、空間的には五〇億光年を超えて広がる世界である。

この世界のうちに、私は自分の意志ではなしに生まれさせられ、もうじき死んでいくのだ。そして、私が死んだあともこの広大な世界はどこまでも存在し続けるのだ。

私は、長くこうした宇宙論的図式のうちにいて、その［ X ］苦しみ続けてきた。こうした大枠のもとに私が生きるのだとしたら、いかによく生きても虚しいからだ。だから、私はこの宇宙論的図式をはじめこの世界についてのさまざまな客観的知識を（得るためにではなくて）むしろ捨てるために、それが虚構とわかる新たな図式を見いだすために哲学を志した。

哲学を続けるうちに、この甲宇宙論的・客観的図式こそ、最も手ごわいように見えて、そのじつ最も脆（もろ）い図式なのだということが次第にわかってきた。それは、「哲学の力」で破壊することができる。そう予感し、少なくともこの図式が消滅するなら、死ぬのはそれほどの恐怖ではなくなり、生きるのはずいぶんラクになるだろう、［ A ］。

しかし、客観的世界がまやかしであるという了解は「頭で」わかっただけではだめなのだ。身体全体で了解しなければならないのである。しかも、負の能力を鍛え上げることによって。

負の能力を伸ばすのは大変である。なぜなら、世の中ではすべて（負ではなくて）「正」の能力を開発することが期待されているのだから。ほとんどの人は、「存在」や「時間」や「自由」や「偶然」や「因果律」や「私」や「善」など、世界の秘密について気になりながらも、それにかまけることのないまま、ある日ふっと息を引き取る。

でも、何かの折に（失恋したり、愛する人を亡くしたりして）、生きていることが耐え難くなり、「一体自分の生きている世界とは何だろう？」と心の底から疑問に思って周囲を見回したとたん、これまで理解していたかのように思い込んでいたこれらの［ y ］は、じつは果てしない不確実さ、不思議さのうちにあることを悟る。

いままで自分を苦しめてきた事柄のほとんどは、「こうだ」と決めてかかったことに基づいていた。どうもそのすべてが朝靄（もや）のようにとりとめもないものであるらしい、これを全身で実感するとき、彼（女）はほっと救われるような気がする。

しかし、ほとんどの人は（心の傷が癒されふっと幸福を感じることがあり）油断するところで留まってしまい、また普通の世界に戻っていくのだ。

（中島義道『明るいニヒリズム』より）

問1 空欄 x と y に入る最も適切なものをそれぞれ次の中から一つ選びなさい。

x ① 合理性に ② 不条理に ③ 非情さに ④ 哀しさに ⑤ 愚かしさに

y ① 概念 ② 疑念 ③ 正義 ④ 事実 ⑤ 仮定

問2 著者は、傍線部**甲**「宇宙論的・客観的図式」についてどのように考えていますか。著者の考えに**合致しない**ものを次の中から一つ選びなさい。

① 強固に見えて実は脆弱で、哲学的に論破可能であると考えている。
② 科学者の宇宙論と哲学者の宇宙論は厳密に分けられず、相互に補完しあうと考えている。
③ 一見科学的に見えるために騙されやすい図式であると考えている。
④ 科学者的・客観的世界に対抗する、哲学者独自の宇宙論が可能ではないかと考えている。
⑤ 広大な世界のなかで自分を取るに足らない存在として認識してしまうと考えている。

問3　空欄 A に入る最も適切なものを次の中から一つ選びなさい。

① むしろこの図式を破壊することに快感さえ覚えるようになると思われた
② 不確かさ、不思議さ、疑いを楽しむことができるように思われた
③ 虚しさにがんじがらめになって生きることだけは避けられるように思われた
④ 死もまた意味のある出来事だと信じることができるようになると思われた
⑤ 虚しさを原動力として生き続けていけるように思われた

問4　本文中、繰り返し言及されている「負の能力」の内容に合致するものを次の中から一つ選びなさい。

① 理論が先行する科学者的世界観の虚偽を見抜き、むしろ自分の実感を優先して自己を守る能力
② 日常生活が破綻を来すときに起こる人生に対する虚しさを払いのけ、客観的知識をもって世界を洞察する能力
③ 精神療法家に必要であるが哲学者にも重要な能力であり、一般の人間にはとうてい持つことが不可能な能力
④ 最終的に死ぬのだから人生には意味がないとして、消極的に生きることをあえて選択する能力
⑤ 日常生活における懐疑や心許ない感覚に対して、早急に解決しようとせず疑問として抱え続ける能力

問5 本文の内容に合致するものを次の中から**二つ**選びなさい。

① 精神療法家は詩人と同じ能力が必要とされる。

② ほとんどの人は存在や時間や自由について深く考えることをしない。

③ 前向きに生きるためには負の能力が必要である。

④ 哲学者の存在意義は負の能力を鍛えることにこそある。

⑤ 哲学者は客観的世界が存在しないことを自明だと考えている。

⑥ 哲学者は日常生活と無縁に生きている人種である。

Lesson 4

「言葉の誕生」の話

言葉にも色々なものがあります。目に見えるものを言い表した具体的な言葉から、概念や事象を表す抽象的な言葉まで様々です。「死」という抽象的な言葉は、とても恐ろしいものがあらゆる人間に、ひいては自分自身にも起こることなのだという意識が芽生えるとともに、生まれたのかもしれません。

目標：脱文補充問題の解法をマスターする

文章：標準（約2900字）
出典：日野啓三「断崖にゆらめく白い掌の群」
出題校：早稲田大学（改）

Lesson 4

試験本番での目標時間 25分

この本での目標時間 30分

▼解答・解説 本冊58ページ

次の文章を読んで、後の設問に答えなさい。

ひとつの光景が頭を離れない。正確には、ひとつの映像あるいはひとつの画面と言うべきだろう。私自身がそこに立ち会ったのではなくて、テレビの記録番組の一場面なのだから。にもかかわらず、私にとってその場面は、自分がそこに現に居合わせたかのようなふしぎな現実感を、日ましに濃くしてゆく。テレビの記録映像ではなく、ひとつの現実として、いや〝あらゆる現実の現実性〟の根拠ないし始原の光景でもあるかのように、身近なものとして、直接のものとして、現にいま刻々の私自身の出来事としてさえ感じられる。この世の約束の時間で計れば、何万年という遥かな過去の出来事にもかかわらず。

高さ百メートルを越える切り立った崖が、海岸に沿って蜿々(えんえん)と連なっている。海は明るく穏やかだ。断崖の上は深い熱帯の密林がひろがっている。

暗灰色の断崖の表面に、海面と並行して白っぽい横縞(よこじま)が走っている。縞の幅は十メートルぐらいだろうか、その灰白色の縞の一部が幾分くぼんでいる。洞穴というほど深くはない。暗くもない。かつての共同墓地ないし遺体を安置する聖所の跡のようである。いまも遺骨が散乱している。海は青く、骨は乾いて白い。

その骨のちらばるくぼみの岩壁に、それがあった。数十にのぼる人間の掌(てのひら)の形が、いまもくっきりと残っているのである。掌の形を描いた絵ではない。それなら別に驚くことはない。掌を岩壁の表面にぴたりと押し当てて、そのまわりに赤茶色の顔料を丹念に吹きつけたものである。つまり掌の形が灰白色の岩の表面に、いわば白抜きに浮かび出しているのだ。

白骨の重なる断崖のくぼみの岩の表面に、そんな白抜きの無数の掌の痕。しかもそれぞれの掌の一本一本の指の形まで、くっきりといまも鮮やかだ。掌の痕というより、生きた掌の群がゆらゆらと、あるいはひらひらと、音もなく重なり合って揺れて、そよいでいるように見える。

テレビの説明では、三万年ほど昔のものらしいと私は聞いたつもりだが、その光景の鮮やかさは、ついこの間のことのようだ。いや白い掌の群のゆらめきは、いまの私自身の意識の奥の光景であるかのようになまなましい。異様になまなましい。

一九九一年初め、どのテレビも連夜、ペルシア湾岸戦争の映像と解説を流し続けていた時期に、ＴＢＳが放映したイリアン・ジャヤ（ニューギニア島西半部）のルポルタージュの一場面である。女性ディレクターが取材制作した真に記録的な、とは安易な物語性に流れないすぐれた記録作品だった。

同じ断崖の一部だったか少し離れた場所だったか、掌のそよぐ墓地よりかなり後の時代と思われる岩絵の紹介もあったが、A これには私の意識はほとんど感応しなかった。それは円や同心円や舟や人間の形を稚拙な記号として描いたもので、そのような記号化された古代の岩絵や洞窟画なら、私たちはオーストラリアやヨーロッパやアフリカで驚くべく巧みなものを、数多くすでに見ている。

白抜きに残された掌の形の中には、指が欠けているものがある。二本も三本も指の根もとから切断されているのだ。これを断崖に残した人たちの子孫と推定される採集民の部族が密林の奥で生活しているのだが、その中には同じように指をつめた人たちがいまもいる。愛する肉親が死ぬと指をつめるのだという。その人たちの指の欠けた掌は、断崖のくぼみに残る掌の群の中の、指のない掌の形と、ほとんど重なり合う。

B これは記号ではない。［イ］死という不可解で絶対的な事実に対する、生身の人間の直接の反応、形にならぬ、言葉にさえならぬ深層の震えが、そのままそこに出現したのだと私は思った。

人類が死を意識した（死体を認知するだけでなく）のは、旧人ネアンデルタール人のあと新人ホモ・サピエンス・サピエンスつまりわれわれ現存人類の段階になってからだとされている。［ロ］ネアンデルタール人たちにも、西方に向かって並べられた頭骨の列とか、赤土をふんだんに使い、花をばらまいた花粉が残っている墓地など、葬送を意識した遺跡があるとよく言われていたが、最新の人類考古学の知見は否定的である。［ハ］

約五十万年前の北京原人の遺跡からは、脳や骨髄をすすって食べたらしいあとの人骨が、動物たちの骨と一緒に捨てられている。［ニ］東アフリカに現在棲息（せいそく）するヒヒたちの母親は、赤ん坊が何かの原因で死んでも胸に抱き続けて、死体が解体しはじめると急に異物だと気づいて、何の未練もなくほうり捨ててしまう、という動物学者の報告を読んだことがある。

他の生物が死んでいる事実なら、ほとんどの生物が認知するだろう。［ホ］だが自分自身も含めて死が全生物の逃れられぬ事実だとおびえ恐れ、死についてさまざまに考え始めたのは、わずか数万年前からのことと思われる。

イリアン・ジャヤ南西海岸に残った掌の形が三万年ほど前のものらしい、というテレビの説明を、私が聞き違えたのでなければ（その可能性もなくはない）、あの断崖のくぼみは、人間が死を強く意識し始めてそれほどたっていない時代のものである。

現在までその子孫たちが残っている彼らは、約十万年前ごろから世界各地に広まったわれわれ現存人類の古型だ。一万一千年前に氷河期が終るまで東南アジアにあったふたつの陸地のうち、五万年前ごろ西方の「スンダランド」から「サフルランド（現在のオーストラリア大陸とニューギニア島がつながったもの）」に渡った集団の一部と考えられるが、この遺跡は人類が死を自覚的に意識し始めた時期の、最も鮮烈で最も美しく怖ろしい体験のひとつと思えてならない。

死んだら魂はどうなるか、死後の世界があるのか、といったもろもろの宗教的、神話的思考がつくり出されるより前、死という観念、死という言葉が、この世界に滲み出てきた現場のように見える。いや言葉そのものがこのようにして、葬送儀礼の始まりと時期を同じくして、つまり死の意識化とともに生まれたのではないか、と考えたい誘惑をおさえ難い。

記号やシンボリックな形象がその後世界じゅうで墓地内部を飾ることになるが、記号やシンボルは描かれる前にすでに意識化されたものである。形あるもの、意味あるものだが、その前に死という不可解な事実を自分自身のこととして自覚し始めたときの、身をよじって嘆き、指を切り落とすというような直接的な反応しかできなかった段階があったのだろう。その肉体的な、意識の奥からつきあげてくる恐怖と嘆きの、言い難い衝動。どうしてこの世界に死というものがあるのか、親しいものたちとの無慈悲な別れが避けられないのか、その答えは言い難く答え難い。言い難いからこそ言わねばならない。何か形をつけねばならない。

これはコミュニケーションの手段としての言葉と次元を異にするいわば［ Ⅰ ］である。動物たちも声をつかってコミュニケーションする。身振り、表情その他のコミュニケーションと同じ次元で、動物たちは言葉がないから意思疎通に困るだろう、というようなことはない。彼らはそれぞれの生活圏の中でお互い同士、十分にコミュニケートしている。

（日野啓三「断崖にゆらめく白い掌の群」より）

（注）＊スンダランド……現在のタイのチャオプラヤ川の流域からタイランド湾、南シナ海を含む一帯に、氷河期に存在した陸地。

問1 傍線部**A**「これには私の意識はほとんど感応しなかった」とありますが、その理由の説明として最も適切なものを次の中から一つ選びなさい。

① その岩絵よりもずっと精巧な形象がオーストラリアやヨーロッパやアフリカの洞窟の壁に描かれているから。

② その岩絵が白抜きの掌の痕よりかなり後の時代のものと思われ、考古学的にみて貴重さの度合いが劣るから。

③ その岩絵は円や舟や人間の形象を稚拙に描いていて、心が深く揺り動かされるほどの美意識に欠けていたから。

④ その岩絵は記号として描かれていて、生身の人間の意識の奥からつきあげてくるような反応が感じられないから。

問2 傍線部**B**「これは記号ではない」とありますが、その説明として最も適切なものを次の中から一つ選びなさい。

① 著者は、断崖のくぼみにある指のない掌の痕が、愛する肉親の死に対する言語化できない哀悼を表現するために残されたと考えているから。

② 著者は、断崖のくぼみにある指のない掌の痕が、意識化の過程や抽象的思考を経た記号の出現ではないと考えているから。

③ 著者は、断崖のくぼみにある指のない掌の痕が、死という観念や死後の霊魂といった新しい次元を予感させると考えているから。

④ 著者は、断崖のくぼみにある指のない掌の痕が、言語をまだ持たない人間の死者に対するコミュニケーションの現れと考えているから。

問3 次の文は本文中に入るべきものです。空欄 **イ** ～ **ホ** から最も適切な箇所を一つ選びなさい。

死期を予感する動物たちもいるかもしれない。

問4 傍線部C「考えたい誘惑をおさえ難い」とありますが、著者がこのように述べるのはなぜですか。その理由として最も適切なものを次の中から一つ選びなさい。

① 著者は、旧人ネアンデルタール人に葬送儀礼の始まりを認めたいと考えているのに、死の意識化をめぐって最新の人類考古学の情報と矛盾することに気づいたから。

② 著者は、断崖のくぼみに残る掌の痕を意識の原光景とみなしているので、それを葬送儀礼のはじまりとみなすとき、実際以上に宗教化してしまうことに気づいたから。

③ 著者は、断崖のくぼみに残る掌の痕は記号ではないと主張しているのに、それを死の意識化のはじまりとみなすとき、自らの主張が矛盾をきたすことに気づいたから。

④ 著者は、旧人ネアンデルタール人が死を意識化し始めたと考えているので、掌の残る断崖の壁を死の記号化の現場とみなすとき、自説の同語反復に気づいたから。

問5 空欄 I に入る語句として最も適切なものを次の中から一つ選びなさい。

① 実存の言葉　② 意識の言葉　③ 生活の言葉　④ 事実の言葉

問6 本文の趣旨と**合致しない**ものを次の中から一つ選びなさい。

① 著者はテレビで放映された岸壁のくぼみに残る掌の痕に、人類が死をはじめて意識化した兆しを見ようとしている。

② 著者はテレビで放映された岸壁のくぼみに残る掌の痕に、人類がはじめてコミュニケーションを意識化して行った痕跡を見ようとしている。

③ 著者はテレビで放映された岸壁のくぼみに残る掌の痕に、指の欠けたものを認めて記号になりきらない生身の反応を見ようとしている。

④ 著者はテレビで放映された岸壁のくぼみに残る掌の痕に、人類が言語を使いこなす以前の体をつきあげてくる衝動を見ようとしている。

Lesson 5

「大人になりきれない大人」の話

「大人」になるというと、かつては「成人」に伴う通過儀礼を経て成熟した人間になるということでした。ところが現代の日本では、年齢的には18歳で成人なのですが、成人することと成熟した人間になることが結び付いているとは言えません。これは実は現代社会に特有のことなのです。現代ではどうして未熟な大人が生まれてしまうのか、大学受験を迎える皆さんにとってもとても関わりの深いテーマです。

目標：要約問題の解法をマスターする

文章：短い（約1800字）
出典：鷲田清一『老いの空白』
出題校：一橋大学

Lesson 5

試験本番での目標時間 25分
この本での目標時間 30分

▼解答・解説 本冊74ページ

次の文章を読んで、後の設問に答えなさい。

〈老い〉がまるで無用な「お荷物」であって、その最終場面ではまず「介護」の対象として意識されるという、そんな惨めな存在であるかのようにイメージされるようになったのには、それなりの歴史的経緯がある。生産と成長を基軸とする産業社会にあっては、停滞や衰退はなんとしても回避されねばならないものである。そしてその反対軸にあるものとして、〈老い〉がイメージとして位置づけられる。生産性（もしくはその潜勢性）や成長性、効率性、速度に、非生産的＝無用なもの、衰退＝老化──そういえば社会システムの老化のことを「制度疲労」とも言うのであった──として対置されるかたちで。〈若さ〉と〈老い〉という二つの観念は、産業社会ではたがいに鏡合わせの関係にある。

鏡合わせとは対になってはたらいているということであるが、その二つはいうまでもなく正負の価値的な関係のなかで捉えられている。そして重要なことは、〈老い〉が負の側を象徴するのは、時間のなかで蓄えられてきた〈経験〉というものにわずかな意味しか認められないということである。〈経験〉ということで、身をもって知っていること、憶えてきたことをここでは言っているのだが、産業社会では基本的に、ひとが長年かけて培ってきたメチエともいうべき経験知よりも、だれもが訓練でその方法さえ学習すれば使用できるテクノロジー（技術知）が重視される。機械化、自動化、分業化による能率性の向上が第一にめざされるからである。そしてこの「長年かけて培ってきた」という、その時間過程よりも結果に重きが置かれるというところから、〈経験〉の意味がしだいに削がれてきたのである。〈老い〉が尊敬された時代というのは、この〈経験〉が尊重された時代のことである。かつて、いろり端での老人と孫の会話では、孫は老人から知恵と知識を得た。現在では、老人が孫からコンピュータの使い方を教わる。

〈経験〉がその価値を失うということ、それは〈成熟〉が意味を失うということだ。さらに〈成熟〉が意味を失うということは、「大人」になるということの意味が見えなくなることだ。〈成熟〉とはあきらかに〈未熟〉の対になる観念である。生まれ、育ち、大人になり、老いて、死を迎える……。そういう過程としてひとの生が思い浮かべられている。そのなかで大人になることと未だ大人になっていないことが、〈成熟〉と〈未熟〉として生の過程を二分している。

これは別に、人間にかぎって言われることではない。〈成熟〉とはまずは生きものが自活できるということであろう。食べ、飲み、居場所をもち、仲間と交際することが独力でできるということ、つまりはじぶんでじぶんの生活をマネージできるということであろう。もっともひとは、他の生きもの以上に、生活を他のひとと協同していとなむという意味では社会的なものであって、だから〈成熟〉とは、より正確には、社会のなかでじぶんの生活をじぶんで、じぶんたちの生活をじぶんたちで、マネージできるということである。そのかぎりでひとにおいて成熟とはその生活の相互依存ということを排除するものではない。産み落とされたとたんに見捨てられ、野ざらしになって死にっきりということがわたしたちの社会ではよほどのことがないかぎりありえない以上、生まれたときもわたしたちは他の人たちに迎えられたのであり、死ぬときも他の人たちに見送られる。だれもが、生まれるとすぐだれかに産着を着せられ、食べさせてもらうのであり、死ぬときもだれかに死装束にくるまれ、棺桶（かんおけ）に入れてもらうのである。

そうするとひとが生きものとして自活できるといっても、単純に独力で生きるということではないことになる。食べ物ひとつ、まとう衣ひとつ手に入れるのも、他のひとたちの力を借りないとできないのがわたしたちの生活であるかぎり、自活できるというのは他のひとたちに依存しないで、というのとはちがうのである。むしろそういう相互の依存生活を安定したかたちで維持することをも含めて、つまりじぶんのことだけでなく共同の生活の維持をも含めて、つまり他のひとの生活をも慮（おもんぱか）りながらじぶん（たち）の生活をマネージできるということが、成熟するということなのである。

となると成熟／未熟も、たんに生物としての年齢では分けられなくなる。〈成熟〉には社会的な能力の育成ということ、つまりは訓練と心構えが必要になるからである。

（鷲田清一『老いの空白』より）

問　右の文章を要約しなさい（二〇〇字以内）。

Lesson 6

「ドラマ」の話

ドラマを構成するための理論を「ドラマトゥルギー」と言います。私たちがドラマを見て感動するのは、その話が現実にもありそうな対立を際立たせて、昇華してくれるからなのです。ドラマトゥルギーは古代ギリシアからありましたが、現代の日本でもテレビドラマが人気を集めているのは、この理論が持つ力によるものなのです。

目標：文整序問題の解法をマスターする

文章：標準（約2900字）
出典：木下順二「日本人の思想」
出題校：早稲田大学（改）

Lesson 6

試験本番での目標時間 30分

この本での目標時間 35分

▼解答・解説 本冊86ページ

次の文章を読んで、後の設問に答えなさい。なお、一部省略した箇所があります。

ドラマトゥルギーということばがあって、ふつう「劇作術」と訳されているが、ドラマトゥルギーの古典とされる教科書に、十九世紀にドイツのフライターク[注1]が書いたドラマトゥルギー論がある。その中でフライタークは、ギリシャ時代から当時までの代表的な戯曲を分析して、そこから戯曲の法則ともいうべきものを帰納的に整理しているが、この法則は、その後さまざまな問題がそこにつけ加えられたにもかかわらず、やはりドラマというものの基本法則であると考えられる。

フライタークによれば、ドラマというものは、二つの力の対立によってつくられる。そのAとBとの二つの力の対立は、次のような順序で戯曲として展開する。まず最初の導入部で、対立するAとBとの事情が説明されるが、五幕形式の古典戯曲なら、これが第一幕に当る。次にその対立が錯綜(さくそう)しつつ、Aの力が上昇線をたどる第二幕。第三幕は両者が決定的な対決をするいわゆる危機の場面であり、そこでBにやぶれたAは次の第四幕で下降線をたどり、第五幕はいわゆるカタストロフィ、終結の場面である。そこには、単にAに対してBが勝ったということではない、闘争の結果として生れた一つの「調和」がねがわくはありたいのだが、戯曲というものは、このようにして、線で表わすなら1ピラミッド型を描くような構造を持つとフライタークはいう。

日本の近代劇がその歩みを始めて以来、戯曲作法の教則本として支配的な影響をそこに与えたのは、イプセンの戯曲とともにこのフライタークであった。そしてその後の、諸外国からのさまざまな理論の輸入にもかかわらず、フライタークはやはり基本的なドラマの法則を示してくれるものとして、今もわれわれの前にある。だがフライタークが説いている対立ということ、その対立の線がピラミッド型を描くということ、そのことの意味がわが国で果して正しく理解されてきたかどうか、その点になると甚だ疑問だといわなければならない。

ドラマトゥルギーが「劇作術」という日本語に訳されたことは、わが国におけるドラマトゥルギー理解の不十分さを期せずして説明しているといえる。わが国ではドラマトゥルギーが、単に戯曲をつくる「術」として理解された傾きが多分にある。集めて来た素材をどのように劇的に処理するかというその技術として、フライタークはしばしば利用されたのである。技術の適用がうまく行けば、それはなるほど面白い戯曲にはなるだろう。いわゆる「劇的」な場面がそこに展開されることにはなるだろう。だがドラマトゥルギーがそのように理解される限り、そこにあるものはつくりものの「劇的」であり、それは本当の「ドラマティック」を意味しない。AとBとがなにゆえ対立するかという根源的な理由が、そこでは閑却されてしまっているからである。

2

だがそこで得た問題を、むろん劇作家は制約もなく叫びあげるのではない。それを戯曲というフォームに入れる。厳密なフォームの中に圧縮されることによって、あるいはフォームに媒介されることによって、とりとまりのない現実は、はじめて現実とは異質の、現実と連続し非連続であるという関係においてただしく現実を内包する生きた統一的な世界に再生する。ドラマトゥルギーとは、現実の中に入り組んだ対立を、戯曲という形式を通して、はっきりとした対立にまで整理する方法、発展の契機をその中に含む対立としての認識にまでそれを高める方法であるといえる。その時はじめてその戯曲は、力と普遍性とを持った作品として自立する。ドラマトゥルギーは、単なる「術」としてではなくこのような一つの思想としてとらえられなければならない。「［3］」というスタニスラフスキー[注2]のことばは、ドラマトゥルギーをこのように思想としてとらえた時にのみ理解される。そしてドラマトゥルギーをこのようなものとしてとらえることは、実はすでにアリストテレスの『詩学』の中に出されている考え方なのであった。

そこで問題が二つ出てくる。一つは、日本近代戯曲史の中で、ドラマトゥルギーをこのようなものとしてとらえた作家はきわめて少数しかなかったが、それがなにゆえそうだったのかということ。この問題については別な場所で考えたいので、今はひとことだけいいそえておくと、その少数の作家たちは、過去の日本の少数の「思想家」たちに対比されていいのかも知れない。伝統的な劇作術としてはあの歌舞伎の、順々に事件を並べて行くといういわば絵巻物的な方法しかなかった場所で、ドラマトゥルギーという「外来の思想」を自分のものにするということは、今日想像される以上に困難な仕事であっただろう。

だが外来の思想をとり入れるということは、それを特定の「思想家」が理解するということではない。それを日本の思想として新しく日本に生れさせるということである。その思想が日本という場に生きない限り、それはまだ思想と呼ばれるわけには行かないのだ。——というわかり切った問題と、日本の近代劇もまたつき当らなければならなかったというところに、第一のそれよりも重要な第二の問題がある。

この点については、[4]演劇というものが、一般的な思想の問題の問題点をきわめて具体的にあらわしているといえる。演劇は観客がなければ成り立たない。作者は当然観客を予想し、観客の反応を予測しつつ書くが、そのことは、作者が自分自身の感覚なり考えなりで挟める範囲の観客を対象として書くということでしかない。作者がいかに現実をリアルにとらえてき、それを思想にまで高めて打ち出しても、それはその限りでは作者の観念の中の思想に過ぎない。作品が一人一人の観客の中にはいって行った時、作者の観念の中の思想は、そこで生きてはたらき得るかどうかがためされることになる。作品を書くことによって自分を変えて行こうとする作者の努力がまた現実をも変えるはたらきを持ちうるかどうか——そのことを通してのみ作者自身も本当に変ることができるのだが——が、ためされることになる。それが実際にためされるのは、劇場から家に帰った観客たちの生活の中においてだが、意識されないままにでもためされ得る契機がそこに存在する時、その夜の舞台ははじめてドラマティックなものに盛り上るだろう。日本の近代劇は、作者が観念的だとか観客が特定層に限られているとかいう批判をしばしば受けてきたが、そのような批判は、それがなにゆえそうなのかという理由を明らかにし得ない限り無意味なものであった。そしてその理由は、作者のみの中にあったのでもない。また観客のみの中にあったのでもない。二つが互いに結びつくことによってはじめて共に生きられる場をつくり出す契機が、日本の中になかったといっていい過ぎなら、それがきわめて弱かったということなのである。

　そういう契機の不在証明を、過去の日本の中にくわしくさぐる仕事は、これもほかに場所があるだろう。今は現在の日本の中に、そういう契機の存在証明をさがす仕事が必要である。そしてその存在証明は、まだおぼろげにではあっても、たしかに見いだされるとぼくは思う。

（木下順二「日本人の思想」より。一部省略）

（注）＊1　フライターク……十九世紀のドイツの劇作家、小説家（一八一六〜九五）。
＊2　スタニスラフスキー……ロシア革命の前後に活躍したロシア・ソ連の俳優、演出家（一八六三〜一九三八）。

問1　傍線部**1**の「ピラミッド型」と対照的な戯曲の構造を端的に表した箇所があります。その箇所を含む一文を問題文中から抜き出し、冒頭の四字を記しなさい。

問2　空欄 **2** は一つの段落で、次の四つの文から構成されています。①〜④の順番を正しく並べ替えたとき、三番目に来る文はどれですか。次の中から一つ選びなさい。

①　しかもそれは、何かの対立を客観的に眺めるということではない。
②　対立を含む現実を、いいかえれば現実の中にある対立をとらえることが、戯曲を書くという仕事の根本である。
③　現実の中で、作者が自己の対立者と対決するということである。
④　対立の根源的な理由は、もちろんそこから戯曲の素材を得る現実そのものの中にある。

問3 空欄 **3** に入る文として最も適切なものを次の中から一つ選びなさい。

① 戯曲は歴史の弁証法を最もよく反映する芸術の一種である
② 戯曲は現実の種々相を最もよく活写する芸術の一種である
③ 戯曲は社会の不条理を最もよく告発する芸術の一種である
④ 戯曲は人間の処世術を最もよく寓意する芸術の一種である
⑤ 戯曲は未来の可能性を最もよく示唆する芸術の一種である

問4 傍線部 **4**「演劇というものが、一般的な思想の問題の問題点をきわめて具体的にあらわしているといえる」とありますが、それはなぜですか。その説明として最も適切なものを次の中から一つ選びなさい。

① 観客がなければ成り立たない演劇が、思想にも読者の存在が不可欠で、日本では優れた思想を受け入れる読者がごく限られたものでしかないことを具体的にあらわしているから。
② 日本の演劇は、作者が自分の感覚なり考えなりの狭い範囲の中でしか書こうとせず、そのことが現実をリアルに捉えなければ思想にまで高められないことを具体的にあらわしているから。
③ 古典芸能の伝統から脱皮できないでいる日本の近代劇が、日本の思想においても封建的なものの見方や考え方を残存させて、新しい観念を発信できないでいることを具体的にあらわしているから。
④ 演劇は本来、観客の日常生活に働きかけ改変することではじめて劇的効果をあげるので、思想もまた著者の観念が読者と現実を変えるものでなければならないことを具体的にあらわしているから。
⑤ 演劇は作者のみの問題としても、観客のみの問題としても理解できないもので、いつの時代でも読者が著者の問題点を共有できなかった日本の思想のありかたを具体的にあらわしているから。

問5　問題文の趣旨に合致する最も適切なものを次の中から一つ選びなさい。

①　ドラマトゥルギーということばは、単なる「術」としてではなく、現実世界の対立と葛藤を解消するための根源的な思想として理解されなければならない。

②　AとBの対立の諸相をいかに描いても、それだけではつくりものの「劇的」であり、本当の「ドラマティック」は対立の根源的な理由を問うことによってしか獲得されない。

③　戯曲を書く者には、常に現実を客観視することではなく、現実の規範や道徳を批判的に観察し、それに対立して疑いと反抗の叫びをあげる側に立つことが求められている。

④　戯曲の素材は常に現実にあり、現実の中に入り組んだ対立や葛藤を描くことによって最も効果を発揮するものであるから、日常とかけ離れた空想的な舞台を設定することは難しい。

⑤　これまでの日本の演劇において、ドラマトゥルギーの本質を理解した優れた戯曲を書いたのは少数の作家にすぎないが、彼らは思想家としても卓越した評価を得ていた。

Lesson 7

「巣立ち」の話

親にとって子どもはいつまでも子どもであり、世話を焼きたくなってしまう対象です。しかし実際には、子どもは親が思っている以上に成長しているものです。親が色々心配をして、サポートしなければならないと思っていた子どもたちは、知らないうちに大きくなり、気づいた時には親にとっての誇りとなっていることもあります。

目標：心情把握問題の解法をマスターする

文章：長い（約5200字）
出典：重松清「鷹乃学習」
出題校：東北大学（改）

Lesson 7

試験本番での目標時間 30分

この本での目標時間 35分

▼解答・解説 本冊102ページ

次の文章を読んで、後の設問に答えなさい。

ホームは駅舎と繋(つな)がった一面だけだが、ずいぶん昔——いま七十歳になった父が子どもの頃には、向かい側にもう一面、貨物の引き込み線用のホームがあったらしい。

電化も複線化もできずじまいで廃線になった路線でも、かつては急行列車が日に何便も走っていた。

十年前に亡くなった祖父は、畑仕事のかたわら町役場の職員を定年まで勤め上げた。年に一度か二度、急行列車に乗って、役場の同僚と温泉や海に遠出をするのがなによりの楽しみだったという。

父は、城下町の工業高校に通った。卒業後は、急行列車で大阪に出て、自動車メーカーに勤めたが、都会暮らしは性に合わなかったらしく、母親と結婚すると早々に帰郷して、地方振興局の地元採用職員になった。

私が城下町の普通科高校を卒業したときには、すでにこの路線に急行列車は走っていなかった。二時間に一本あるかないかの鈍行列車も、一輛(りょう)か、せいぜい二輛編成で、すべて城下町の駅が終点だった。遠くへは行けない。上京したときも、高校時代と同じように鈍行で城下町に出て、そこからバスで一時間ほどかけて空港へ向かった。東京の私大に通い、東京で就職をして、結婚もして、子どもをつくり、そして、いま、家族をなくした。

ホームから線路をぼんやり見つめた。レールはまだ撤去されていなかったが、雑草に覆われ、錆でうっすらと赤茶けて、ああ、もう、ここを列車が走ることは永遠にないんだ、というのを実感する。

私から少し離れて線路を覗き込んでいた翔太は、「東京って、どっち?」と訊いてきた。

「あっちだ」

私が右を指差すと、翔太のまなざしもそれに倣い、東京のほうに体を向けて、じっと遠くを見つめた。

「直接、東京まで行けるわけじゃないんだけど、まあ、大きく見れば、ここから右だ」

返事はなかった。

両親の離婚の話は、もう聞かせている。妻が懇々と説明した。パパとママはこれから別々に暮らし、パパとはめったに会えなくなるし、もしかしたら新しいパパができるかもしれないけれど、いまのパパがあなたのお父さんだというのは、これからもずうっと変わらないんだから……。

どこまで理解して、どこまで受け容れたのかはわからない。あとで妻に聞いた。翔太は、黙ってうなずいたらしい。両親が別れる理由を尋ねることも、別れるのを責めることもなく、ただ、黙って、こくん、と首を前に倒しただけだった、という。

「そろそろ行くか、おじいちゃんもおばあちゃんも待ってるぞ」

声をかけると、翔太は遠くを見たまま、「ねえ――」と言った。「おじいちゃんとおばあちゃんに、バイバイって言ったほうがいい?」

「言わなくていい、そんなの」

「でも――」

「また会えるんだ、会いたくなったらいつでも会えるんだから、べつにお別れじゃないんだって、そうだろ、だからそんなこと言わなくていいし、言うなよ、おばあちゃん寂しがるから」

(ア)早口になった。行くぞ、ほら、行こう、と車に戻る私を、翔太は黙って追ってきた。

夕食のテーブルには、母の心尽くしのご馳走が並んだ。田舎のおばあちゃんだから料理が上手につくれない、と母は申し訳なさそうに謝ったが、翔太は、そんなことないよ美味しいよ、とたくさん食べて、お代わりもした。苦手なニンジンも選り分けずに口に運ぶ。子どもなりに気をつかっているのだろう。ビールの味が少し苦くなった。

両親も、このたびの帰省がどういう意味を持つのかはわかっている。

母はよくしゃべって、よく笑った。もともとおしゃべり好きなひとではあるのだが、ここまで休む間もなく話していると、明日は血圧が上がって具合が悪くなってしまうかもしれない。

父は、ときどき相槌を打つぐらいで、おしゃべりには加わらなかった。孫と過ごす最後の一晩を、まるごと母に譲り渡したのだろう。仲の良い二人だ。近所や親戚の間でもおしどり夫婦として通っていて、夫婦喧嘩など、少なくとも私が実家にいた高校卒業まで、一度も見たことがなかった。そんな二人の血を引き、夫婦でいたわりあう姿を間近に見てきた息子が、離婚をして、翔太と別れてしまうことになるのを、両親はどう思っているのか。

離婚の経緯は、私は「いろいろあったんだ」としか説明しなかったし、両親も詳しくは問い質さなかった。ただ、父には一言だけ――「翔太の心に傷を残すことはするなよ」と諭された。ふだんなら父の言葉を引き取って、その何倍もしゃべる母が、そのときはなにも言わなかった。

お父さんの言ったことをよく噛みしめなさい、と伝えるように、黙って何度も何度もうなずいていた。

母の携帯電話が鳴った。メールが着信したらしく、画面に目を落としたあと、鼻白んだ様子でため息をついた。

結婚して城下町に住んでいる私の姉からだった。母は何日も前から、今夜顔を出さないかと姉を誘っていた。姉の子ども二人、翔太にとってはイトコになる男の子と女の子も連れて来るよう言ってあったらしい。

だが、姉は「いまは忙しくて家を空けられないから」とメールで断ってきた。

母はがっかりしていたが、じつを言うと私はすでに姉から「悪いけど、行かないからね」と告げられていたのだ。

「会わないほうがいいよ」——翔太のために。

「みんなで集まって、にぎやかに盛り上がって、思い出の一晩みたいになると、後々のことを考えるとよくないんじゃない?」

私もそう思う。おじいちゃんとおばあちゃんとは、淡々とお別れをしたほうがいい。川の水が流れるように、ごく自然に遠ざかって、小さくなって、薄れていって、そして忘れていけばいい。

もともとお盆と正月ぐらいしか帰省していなかったので、しょっちゅう会っている姉のところの孫二人とは違って、両親にも翔太にも、微妙なよそよそしさがあった。結局それは解消できないままになってしまったが、(イ)かえってそのほうがお互いによかったんだよ、と自分を納得させた。

母のおしゃべりの話題は、この秋に城下町で開かれるお祭りのことになった。築城百何十周年かの節目を祝って、大名行列が再現されるのだという。

戦国武将や忍者や日本刀が登場するゲームが大好きな翔太は、目を輝かせて「行きたい！」と言いだした。「おばあちゃん、連れてって！」

「うん、じゃあ、行こう行こう」

声をはずませて応えた母は、次の瞬間、父の目配せに気づいて、顔をこわばらせた。翔太も、あ、そうか、という表情になって、それきり黙ってしまった。

母はぎごちなく「いま、なにかやってるかな」とひとりごちて、リモコンを手に取ってテレビを点けた。バラエティ番組の陽気な笑い声が、思いのほか大きなボリュームで流れてきた。父も母も耳が遠くなってきたせいだろうか。ビールがまた苦みを増してしまう。

場の空気を変えたくて、ツバメの巣の話をした。駅以外で、どこか巣をつくっていそうな場所を尋ねると、母は総合病院と葬祭ホールの名前を出した。

「いまはもう、それぐらいしか、にぎやかな場所はないから」

拗ねたように、ぼそっと言った。

私はコップに残ったビールを空けた。気の抜けた生温さが、(ウ)そっくりそのまま苦みになってしまっていた。

翌日、実家をひきあげた足で、母に言われた総合病院に回ってみた。五年前にできた病院の広い駐車場は、高齢者マークをつけた車であらかた埋まっていて、タクシー乗り場もあった。

ツバメの巣は、確かにあった。二階のエアコンの室外機と庇の隙間につくっていた。だが、やはり巣立ちは終わったのだろう、ヒナのいる気配はなく、しばらく待っても親鳥が姿を見せることもなかった。

「どうする？　これがツバメの巣なんだけど、空っぽになってるな、もう」

翔太がどうしてもヒナがいるのを見てみたいと言うのなら、「ダメでもともとだぞ」と釘を刺したうえで葬祭ホールにも寄ってみるつもりだったが、正直、気乗りはしない。父や母が亡くなったら、妻はともかく、翔太は告別式に参列させるべきなのだろうか。妻が再婚して、新しいパパのほうのおじいちゃんとおばあちゃんができていたら、連絡をしないほうがいいのだろうか。そんなことも、ゆうべ布団に入ってから、寝付かれないまま、あれこれ考えていたのだ。

もっとも、翔太の反応は意外とあっさりしたものだった。

「もういいよ」

さばさばと言って、「しょうがないよね、来るのが遅かったんだから」と続ける。かえって私のほうが、翔太の物わかりの良さに戸惑ってしまう。

「来年、この巣を土台にして、また新しい巣をつくるんだよね」

「ああ……」

来年の話が出たとき、ゆうべのことがよみがえって、ひやっとしたが、翔太は巣を見上げて、バイバーイ、と両手を振った。実家を発つときも、そうだった。玄関の外で見送ってくれた母は涙ぐんでいたし、父も寂しさを隠しきれない顔をしていた。そんな二人に、翔太は、まるで明日も会えるかのような軽い口調と明るい笑顔で、「じゃあね、おじいちゃん、おばあちゃん、元気でね、バイバーイ」と両手を振って、車に向かって駆けだしたのだ。

母の嗚咽は、聞こえていただろうか。車のドアを開け閉めする音に紛れただろうか。父は崩れ落ちそうな母の体を、肩を抱いて支え、もういい、早く行け、あとは心配しなくていいから、と私を手で追い払った。

私はツバメのヒナほど上手に巣立ちはできていなかったのかもしれない。

総合病院の駐車場を出るときに「いまからどうする?」と訊いた。帰りの飛行機にはまだ時間がある。城下町に出てもよかった。石垣と櫓(やぐら)しか残っていない城址(じょうし)でも、お城の雰囲気ぐらいは味わえるだろう。

だが、翔太は少し遠慮がちに言った。

「あのね……昨日の駅、もう一回行っていい?」

「いいけど?」

「で、ホームから、線路に下りてもいい? いいよね? もう電車走ってないから、だいじょうぶだよね?」

ドラマの主人公が線路を歩いている場面がカッコよかった——いつかテレビで観(み)たことがあるのを、昨日、ホームにいるときに思いだしたのだという。

「ぼくもやってみたいんだけど、いい?」

思いも寄らないリクエストに最初は困惑したが、だめだと言う理由も見つからない。

「よし、じゃあ行ってみるか」

おそらく、これが、親子としての最後の思い出になるだろう。

昨日と今日、たった一日しかたっていないのに、駅舎を抜けてホームに出ると、陽射(ひざ)しが目盛り一つぶん強まったのを確かに感じた。蟬時雨も、夏本番に向けて、昨日よりも勢いを増しているように聞こえた。

季節の初めというのは、いつもそうだ。一雨ごとに水温む春、木々の緑が日ごとに濃くなる初夏、ようやく先日終わったばかりの梅雨の時季も、気象庁が梅雨入りを発表すると、たちまち風に湿り気が増してくる。

私は先にホームから線路に下りて、翔太を抱き取ってやろうとした。ところが、翔太は「だいじょうぶだよ、自分で下りるから」と手助けを断った。

「けっこう高いぞ、無理するなよ」

「へーき、へーき、ぜーんぜんオッケー」

とは言いながら、いざホームの端に立つと見るからに身がすくみ、膝を折り曲げてしまう。

「足元も悪いし、ほら、パパが下ろしてやるって」と私は両手を掲げて、翔太を迎え入れる体勢をとった。

「だいじょうぶ！　できる！」

翔太は甲高い声をあげるのと同時に、曲げた膝をバネにして、線路に飛び下りた、というより、落ちた。

着地すると、線路に敷き詰めた砂利が崩れ、体が傾いだ。足だけでは支えられずに、膝をつき、手をついて、四つん這いになった。危なかった。もうちょっとバランスが崩れていたら、顔から砂利に突っ込んでしまったかもしれない。

だが、とにかく、翔太は自分一人で線路に下りた。私は思わず「手とか膝、擦りむいてないか？」と訊きそうになったが、体を起こした翔太は、ほら、できたでしょ、と言いたげに、私にニッと笑った。

走りだす。駅舎を背にして、右——東京の方角に向かって。

何歩か進むと、また足元の砂利が崩れて、転びそうになる。つんのめって、四つん這いになって、また起き上がって走りだす。

何度も転んだ。砂利ではなくレールに膝をぶつけそうになったこともあった。砂利のとがったところに手をついてしまったのか、起き上がったあと、手のひらを口元にあてているときもあった。息を吹きかけて痛みをこらえていたのか、あるいは、にじんだ血を吸っていたのかもしれない。

それでも、翔太は私を振り向かなかった。立ち止まることもなかった。前に、前に、遠くへ、遠くへ、走っては転び、起き上がっては走り、また転んでは起き上がって、走りつづけた。

私はふと我に返り、翔太を追いかけてしばらく走ったが、途中でやめた。

はずむ息を整えながら、(エ)遠ざかる息子の背中を、じっと見つめた。

夏の陽射しが、線路の上に陽炎(かげろう)をたちのぼらせる。翔太の背中がゆらゆらと揺れる。

昔、ここには急行列車が走っていたのだ。

(重松清「鷹乃学習」より)

問1 傍線の箇所㋐に「早口になった」とありますが、「私」はなぜそのような態度をとってしまったのですか。三十字以内で説明しなさい。

問2 傍線の箇所㋑に「かえってそのほうがお互いによかったんだよ」とありますが、どういうことですか。本文の内容に即して四十字以内で説明しなさい。

問3 傍線の箇所㋒に「そっくりそのまま苦みになってしまっていた」とありますが、「私」がこのように感じた理由は何ですか。本文の内容に即して六十字以内で説明しなさい。

問4 傍線の箇所㋓「遠ざかる息子の背中を、じっと見つめた」には、「私」のどのような思いが表れていますか。本文全体を通じた「私」の翔太に対するまなざしの変化に着目して、七十五字以内で説明しなさい。

Lesson 8

「批評」の話

批評家というと対象となる作品を鑑賞して評価をする人ですが、ともすると「自分が正しく、対象が間違っている」というスタンスになってしまうことがあります。そのため、批評家の発言がインターネットなどで人々に批判されることもあります。批評自体が大衆に批評されるものになりうるのです。

目標：記述問題の解法をマスターする

文章：短い（約1600字）
出典：吉田秀和「音を言葉でおきかえること」
出題校：京都大学

Lesson 8

試験本番での目標時間 30分
この本での目標時間 35分

次の文章を読んで、後の設問に答えなさい。なお、次の文章は、「音楽評論家になるにはどうすればよいのか」という高校生からの質問に答えたものです。

▼解答・解説 本冊122ページ

批評家とは批評を書いて暮らすのを業とする人間というにすぎない。音楽評論家になりたければ、まず音楽を勉強することです。現に最近の音楽批評家には音楽大学で楽理とか音楽学とかを修めた人もボツボツ見かける。わが国の既成の評論家にそういう経歴の人が少ないのは、これらの学科が戦後の産物だからにすぎない。

だが、それだけですべてがきまりはしない。それに批評家といっても、その中にいろいろと良否の別がある。

その違いはどこにあるか。私の思うに、芸術家や作品を評価するうえで自分の考えをいつも絶対に正しいと思わず、むしろ自分の好みや主観的傾向を意識して、それを、いうなれば、読者が「そういえばそうだな」と納得できる道具に変える心構えと能力のある人が批評家なのではなかろうか。論議が正しくなければ困るのだが、自分がいつも正しいと限らないことをわきまえた人でないと、他人を説得し、納得させるために、自分の考えを筋道たてて説明したり、正当化につとめたり検討したり訂正したりという(1)手間をかける気にならないのではないか。これをしない人は、たとえ音楽の天才であり大理論家であっても、批評家ではないのではないか。

また批評家はすべて言葉を使うわけだが、すぐれた批評家とは対象の核心を簡潔な言葉でいいあてる力がなければならない。名批評家とは端的な言葉で的確に特性指摘のできる人をさすと、私は近年ますます考えるようになってきた。モーツァルトを「耳におけるシェイクスピア的恐怖」と呼んだスタンダールだとか、シューベルトの大交響曲を「天国的長さ」と呼んだシューマンだとかがその典型的な例で、後世にとっては、そういう言葉をはなれて、その対象を考えるのがむずかしくなってしまったくらいである。ベートーヴェンのソナタに勝手に《月光ソナタ》という名をつけた人物もその一人かもしれない。

しかし、これはまた、対象に一つの枠をはめてしまい、作品を傷つけることにもなる。そのために、たとえば凡庸な演奏家はますますそのレッテルにふさわしい演奏を心がけ、凡庸な批評家はその角度からしか作品を評価できなくなる。ということは逆に、すぐれた演奏家なら既成概念をぶちこわし、作品を再び生まれたこの無垢(むく)の姿に戻そうとするだろう。こうして、批評は新しい行動を呼びさますきっかけにもなりうるわけである。

しかし、いずれにしろ元来が鑑定し評価し分類する仕事から離れるわけにいかない批評にとっては、音を言葉でおきかえる過程で、「レッテルをはるやり方」からまぬがれるのは至難の業(わざ)となる。音楽批評、音楽評論とは、音楽家や音楽作品を含む「音楽的事物」「音楽的現象」に言葉をつける仕事、名前を与える作業にほかならない。別の言い方をすれば、ある作品を「美しい」とか、ある演奏を「上手だ」とかいう無性格な中性的な言葉で呼ぶのは、(2)批評の降伏の印にほかならない。

だが音楽批評に限らず、およそ美術、演劇、文学等の批評一般にまつわる誤解の中でも、批評を読めば作家なり作品なりがわかりやすくなるだろうという考えほど広く流布しているものはなかろう。しかし批評は解説ではない。私は前に対象の核心を端的にいいあてる力と書いたが、作品そのものはけっして核心だけでできているのではない。核心だけできこうとすると『月光ソナタ』や『運命交響曲』になってしまうのであり、その時、作品は別のものでしかなくなる。

批評は作品を、作家を理解するうえで、役に立つと同じだけ、邪魔をするだろう。それは批評がそれ自身、一つの作品だからである。では批評は何の役に立つのか？　批評は、言葉によるほかの芸術と同じように、読まれ、刺激し、反発され、否定され、ときに共感され、説得に成功し等々のために、そこにある何かにすぎない。そうして、(3)批評のほうが、その対象よりわかりやすいと考えるのは、真実に反する。

（吉田秀和「音を言葉でおきかえること」より）

問1 傍線部（**1**）について、良い批評家はどうして手間をかけるのですか、説明しなさい。（編集部注：解答欄　縦14㎝×横1㎝の3行）

問2 傍線部（**2**）はどういうことですか、説明しなさい。（編集部注：解答欄　縦14㎝×横1㎝の3行）

問3 傍線部（**3**）のように筆者が考えるのはなぜですか、説明しなさい。（編集部注：解答欄　縦14㎝×横1㎝の3行）

Lesson 9

「国民」の話

「日本国民である」とは、どういうことでしょうか。実は、日本国民であるかどうかは、生まれた場所や使う言語などによって決まるものではなく、人々の定めた制度に過ぎないのです。「国民」という概念を知ることは、移民問題をはじめとした政治的問題を解決するためにとても重要な視座を与えてくれます。

目標：記述問題の解法をマスターする

文章：標準（約3400字）
出典：鵜飼哲「ナショナリズム、その〈彼方〉への隘路（あいろ）」
出題校：東京大学（改）

Lesson 9

試験本番での目標時間 60分

この本での目標時間 70分

▼解答・解説 本冊136ページ

次の文章を読んで、後の設問に答えなさい。

五年ほど前の夏のことだ。カイロの考古学博物館で私はある小さな経験をした。一人で見学をしていたとき、ふと見ると日本のツアー団体客がガイドの説明に耳を傾けていた。私は足を止め、団体の後ろで何とはなしにその解説を聞いていた。その前にすでに、仕事柄多少は理解できる他の言葉、英語やフランス語で他の国々の団体客向けになされていた解説もそれとなく耳に入っていたから、私にはそれは、ごく自然な、行為ともいえないような行為だった。ところが、日本人のガイドはぴたりと説明を止め、私を指差してこう言ったのだ。「あなたこのグループの人じゃないでしょ。説明を聞く資格はありません！」

要するに、あっちに行けということである。エジプトの博物館で、日本人が日本人に、お前はそこにいる権利はないと言われたのである。そのとき自分がどんな表情をしていたか、われながら見てみたいものだと思う。むっとしていたか、それともきまり悪そうに小さな笑みを浮かべていたか。少なくとも、とっさに日本人でないふりをすることはできなかった。

この状況は、ちょっと考えてみるとなかなか奇妙なものだ。というのも、私がこんな目に遭う危険は、日本以外の国のツアー客に「パラサイト」しているときにはまずありえないからだ。英語やフランス語のガイドたちは自分のグループのそばに「アジア人」が一人たたずんでいても気にも止めないだろう。それに、顧客以外の誰かが自分の説明に耳を傾けていたとして、それがガイドにどんな不都合になるというのか。博物館内の、障壁のない、公的な空間で、自分の言葉を対価を払った人々の耳だけに独占的に届けよう、どんなにおとなしくしていても「たかり」は「たかり」、「盗み聞き」は断固許すまじという使命感。それは空しい使命感にちがいない。日本語の分かる非日本人はいまではどこにでもいるし、私のような顔をしていないかもしれないし、まして私のような反応は、おそらく誰もしないだろうから。

しかし、その日ガイドの「排外神経」の正確な標的になったのは私だった。彼女は私が日本人であることを見切り、見とがめられたのちの私の反応も読んでいた。私は自分の油断を反省した。日本人がこのような状況でこのように振る舞いうることをうっかり忘れていたのである。日本にいるときはこちらもそれなりに張りつめている神経が、外国だからこそ緩んでいたらしい。日本のなかでは日本人同士種々の集団に分かれてたがいに壁を築く。しかし、ひとたび国外に出れば……。だがそれは、菊の紋章付きの旅券を持つ者の、無意識の、甘い想定だったようだ。

ア その「甘さ」において私はまぎれもなく「日本人」だった。「日本人」だったからこそ日本人にパラサイトの現場を押さえられ、追い払われ、そして、逆説的にも、その排除を通じてある種の帰属を確認することを余儀なくされたのである。

この些細（ささい）で滑稽な場面が、このところ、「ナショナルな空間」というものの縮図のように思えることがある。ときどき考えるのだが、このときの私とガイドを較（くら）べた場合、どちらがより「ナショナリスト」と言えるだろう。「同じ日本人なんだからちょっと説明を聞くくらい……」と、「甘えの構造」の「日本人」よろしくどうやら思っていたらしい私の方だろうか。それとも、たとえ日本人でも「よそ者」は目ざとく見つけ容赦なく切り捨てるガイドの方だろうか。確かだと思えるのは、私のような「日本人」ばかりではナショナリズムを「立ち上げる」のは容易ではないだろうということ、日本のナショナリズムは、かつても現在も、このガイドのようにきちんと振る舞える人々を欠かせない人材として要請し、養成してきたに違いないということである。少なくとも可能的に、「国民」の一部を「非国民」として、「獅子(しし)身中の虫」として、摘発し、切断し、除去する能力、それなくしてナショナリズムは「外国人」を排除する「力」をわがものにできない。それはどんなナショナリズムにも共通する一般的な構造だが、日本のナショナリズムはこの点で特異な道を歩んでもきた。この数十年のあいだ中流幻想に浸っていた日本人の社会は、いまふたたび、急速に階級に分断されつつある。それにつれてナショナリズムも、ふたたび、イその残忍な顔を、〈外〉と〈内〉とに同時に見せ始めている。

もちろん私は、この出来事の後、外国で日本人の団体ツアーにはけっして近づかないようにしている。「折り目正しい」日本人でないことが、いつ、なぜ、どうして「ばれる」か知れたものではないからだ。しかし、外国では贅沢(ぜいたく)にも、私は日本人の団体に近づかない「自由」がある。でも、日本ではどうだろう。日本人の団体の近くにいない「自由」があるだろうか。この「自由」がないかきわめて乏しいことこそは、近代的な意味で「ナショナルな空間」と呼ばれるものの本質ではないだろうか。

子供も、大人も、日本にいる人はみな、たとえ日本で生まれても、日本人の親から生まれても、ただひとり日本人に取り囲まれている。生まれてから死ぬまで。そして、おそらく、死んだあとも。「ただひとり」なのは、生地も血統も、その人の「生まれ」にまつわるどんな「自然」も、自然にその人を日本人にはしてくれないからだ。

ナショナリズム nationalism というヨーロッパ起源の現象を理解しようとするなら、nation という言葉の語源だけは知っておきたい。それはラテン語で「生まれる」という意味の nasci という動詞である。この動詞から派生した名詞 natio はまず「出生」「誕生」を意味するが、ラテン語のなかですでに「人種」「種族」「国民」へと意味の移動が生じていた。一方、「自然」を意味するラテン語、英語やフランス語の nature のもととなった natura も、実は同じ動詞から派生したもう一つの名詞なのだ。この言葉もやはりまず「出生」を意味する。そして英語で naturally と言えば、「自然に」から転じて「当然に」「自明に」「無論」という意味になる。

「生まれ」が「同じ」者の間で、「自然」だからこそ「当然」として主張される平等性。そして、それと表裏一体の、「生まれ」が「違う」者に対する排他性。歴史的状況や文化的文脈によってナショナリズムにもさまざまな異型があるが、この性格はこの政治現象の不変の核と言っていいだろう。だからいまも、世界のほとんどの国で、国籍は生地か血統にもとづいて付与されている。

しかし、生地にしても血統にしても、「生まれ」が「同じ」とはどういう意味だろう。ある土地の広がりが「フランス」とか「日本」という名で呼ばれるかどうかは少しも「自然」ではない。**ウ**文字通りの「自然」のなかには、もともとどんな名も存在しないからだ。また両親が「同じ」でも、たとえ一卵性双生児でも、人は「ただひとり」生まれることにかわりはない。私たちは知らないうちに名を与えられ、ある家族の一員にされる。それがどのようになされたかは、言葉を身につけたのち、人づてに聞くことができるだけだ。親が本当に「生みの親」かどうか、自然に、感覚的確信に即して知っている人は誰もいない。苗字(みょうじ)が同じであることも、母の言葉が母語になったことも、顔が似ていることも、何も私の血統を自然にはしない。

一言で言えば、あらゆるナショナリズムが主張する「生まれ」の「同一性」の自然的性格は仮構されたものなのだ。それは自然ではなく、ひとつの制度である。ただし、他のどんな制度よりも強力に自然化された制度である。日本語で「帰化」（もともとは天皇の権威に帰順するという意味）と呼ばれる外国人による国籍の取得は、フランス語や英語ではnaturalis(z)ation、「自然化」と呼ばれる。この言葉は意味深長だ。なぜなら、外国人ばかりでなく、たとえば血統主義の国籍法を採用する日本で日本人の親から生まれた人でも、その人に国籍が付与されるとき、あるいはその人がなにがしかの国民的同一性を身につけるとき、それはいつでも、自然でないものを自然なものとする操作、つまり「自然化」によってなされるしかないからだ。

「自然化」とは、繰り返すが、自然でないものを自然なものとする操作のことである。言い換えれば、この操作はけっして完了することがない。そして、いつ逆流するか分からない。「非自然化」はいつでも起こりうる。昨日まで自然だったこと、自然だと信じていたことが、突然自然でなくなることがある。だから、エ<u>日本人であることに、誰も安心はできない。</u>

（鵜飼哲「ナショナリズム、その〈彼方〉への隘路（あいろ）」より）

（注）＊パラサイト……寄生。

＊菊の紋章付きの旅券……日本国旅券（パスポート）のこと。表紙に菊の紋章が印刷されている。

＊「甘えの構造」……ここでは、精神分析学者の土居健郎が提唱した著名な日本人論を指す。日本人の心性の大きな特徴として「甘え」の心理を論じた。

問1　「その『甘さ』において私はまぎれもなく『日本人』だった」（傍線部**ア**）とはどういうことですか、説明しなさい。（編集部注：解答欄　縦13.5cm×横0.9cmの2行）

問2　「その残忍な顔を、〈外〉と〈内〉とに同時に見せ始めている」（傍線部**イ**）とはどういうことですか、説明しなさい。（編集部注：解答欄　縦13.5cm×横0.9cmの2行）

問3　「文字通りの『自然』のなかには、もともとどんな名も存在しない」（傍線部**ウ**）とはどういうことですか、説明しなさい。（編集部注：解答欄　縦13.5cm×横0.9cmの2行）

問4　「日本人であることに、誰も安心はできない」（傍線部**エ**）とはどういうことですか、本文全体の趣旨を踏まえて一〇〇字以上一二〇字以内で説明しなさい（句読点も一字と数えます）。

Lesson 10

「天気」の話

古来日本人は天気によって自分の心情を表現してきました。それほど天気と心情には深いつながりがあったのです。しかし、同じ天気でもどのように思うかは人それぞれです。雨が降って気が滅入ると思う人もいれば、雨が降ってうれしいと思う人もいます。「自己」と「他者」はあくまで異なる存在であると認識し、共感できないことがあっても理解に努める姿勢が重要になってきます。

目標：記述問題の解法をマスターする

文章：短い（約2100字）
出典：堀江敏幸「青空の中和のあとで」
出題校：東京大学

Lesson 10

試験本番での目標時間　30分

この本での目標時間　35分

▼解答・解説 本冊152ページ

次の文章を読んで、後の設問に答えなさい。

　その日、変哲もない住宅街を歩いている途中で、私は青の異変を感じた。空気が冷たくなり、影をつくらない自然の調光がほどこされて、あたりが暗く沈んでゆく。大通りに出た途端、鉄砲水のような雨が降り出し、ほぼ同時に稲光をともなった爆裂音が落ちてきた。電流そのものではなく、来た、という感覚が身体の奥の極に流れ込んで、私は十数分の非日常を、まぎれもない日常として生きた。雨が上がり、空は白く膨らんでまた縮み、青はその縮れてできた端の余白から滲(にじ)み出たのちに、やがて一面、鮮やかな回復に向かった。

　青空の青に不穏のにおいが混じるこの夏の季節を、私は以前よりも楽しみに待つようになった。平らかな空がいかにかりそめの状態であるのか、不意打ちのように示してくれる午後の天候の崩れに、ある種の救いを求めていると言っていいのかもしれない。

　強烈な夏の陽射(ひざ)しと対になって頭上に迫ってくる空が、とつぜん黒々とした雲に覆われ、暗幕を下ろしたみたいに世の中が一変するさまに触れると、そのあとさらになにかが起きるのではないかとの期待感がつのり、嵐の前ではなく後でなら穏やかになると信じていた心に、それがちょっとした破れ目をつくる。

　このささやかな破れ目につながる日々の感覚は、あらかじめ得られるものではない。自分のアンテナを通じて入って来た瞬間にそれが現実の出来事として生起する、つまり予感とほとんど時差のないひとつの体験であって、なにかが起こってから、あれはよい意味での虫の知らせだったとするのはどこか不自然なのだ。予報は、ときに、こちらの行動を縛り、息苦しくする。晴れわたった青空のもと街を歩いていて、すれちがいざま、これから降るらしいよといった会話を耳に挟んだりすると、ア何かひどく損をした気さえする。

空の青が湿り気を帯び、薄墨を掃いたように黒い雲をひろげる。ひんやりした風があしもとに流れて舞いあがり、頬(ほお)をなでる。来る、と感じた瞬間に最初の雨粒が落ち、稲光とともに雷鳴が響いたとき、日常の感覚の水位があがる。ずぶ濡(ぬ)れになったらどうしよう、雨宿りをして約束に遅れたらどうしようなどとはなぜか思わない。それを一瞬の、ありがたい仕合わせと見なし、空の青みの再生に至る契機を、一種の恩寵(おんちょう)として受けとめるのだ。

しばらくのあいだ青を失っていた空の回復を、私は待つ。崩れから回復までの流れを、予知や予報を介在させず、日々の延長のなかでとらえてみようとする。

イ青は不思議な色である。海の青は、手を沈めて水をすくったとたん青でなくなる。あの色は幻だといってもいい。しかし海は極端に色を変えたとき、幻を重い現実に変える力を持つ。海の青を怖(おそ)れるのは、それを愛するのと同程度に厳しいことなのだ。

空の青も、じつは幻である。天上の青はいったん空気中の分子につかまったあと放出された青い光の散乱にすぎないから、他の色を捨てたのではなく、それらといっしょになれなかった孤独な色でもある。その色に、私たちは背伸びをしても手を届かせることができない。

いつも遠い。当たり前のように遠い。それが空である。飛行機で空を飛んだら、それは近すぎてもう空の属性を失っている。遠く眺めて、はじめてその乱反射の幻が生きる。空の青こそが、いちばん平凡でいちばん穏やかな表情を見せながら、弾(はじ)かれつづける青の粒の運動を静止したひろがりとして示すという意味において、日常に似ているのではないか。

単調な日々を単調なまま過ごすには、ときに暴発的なエネルギーが必要になる。しかしその暴発は、あくまで自分の心のなかで静かに処分するものだから、表にあらわれでることはない。心の動きは外から見るかぎりどこまでも平坦(へいたん)である。内壁が劣化し、全体の均衡を崩す危険性があれば、気づいた瞬間に危ない壁を平然と剝(は)ぎとる。ウそういう裏面のある日常とこの季節の乱脈な天候との相性は、案外いいのだ。

青空の急激な変化を待ち望むのは、見えるはずのない内側の崩れの兆しを、天地を結ぶ磁界のなかで一挙に中和するためでもある。そのようにして中和された青は、もうこれまでの青ではない。ぽおっと青を見上げている自分もまた、さっきまでの自分ではない。この小さな変貌の断続的な繰り返しが体験の質を高め、破れ目を縫い直したあとでまた破るような、べつの出来事を呼び寄せるのだ。

天気の崩れと内側の暴発を経たのちにあらわれた新しい空。雨に降られたあと、たちまち乾いた亜熱帯の大通りを渡るために、私は目の前の歩道橋の階段をのぼりはじめた。事件は、そこで起きた。いちばん上から、人の頭ほどの赤い生きものが、ふわりふわりと降りてきたのである。

風船だった。糸が切れ、飛翔(ひしょう)の力を失った赤い風船。一段一段弾むようにそれは近づき、すれちがったあともおなじリズムで降りて行く。私は足を止め、振り向いて赤の軌跡を眼(め)で追った。貴重な青は、天を目指さない風船の赤に吸収され、空はこちらの視線といっしょに地上へと引き戻される。エ青の明滅に日常の破れ目を待つという自負と願望があっさり消し去られたことに奇妙な喜びを感じつつ、私は茫然(ぼうぜん)としていた。再び失われた青の行方を告げるように、遠く、雷鳴が響いていた。

（堀江敏幸「青空の中和のあとで」より）

問1　「何かひどく損をした気さえする」（傍線部**ア**）とありますが、なぜそういう気がするのですか、説明しなさい。（編集部注：解答欄　縦13.5cm×横0.9cmの2行）

問2　「青は不思議な色である」（傍線部**イ**）とありますが、青のどういうところが不思議なのですか、説明しなさい。（編集部注：解答欄　縦13.5cm×横0.9cmの2行）

問3　「そういう裏面のある日常」（傍線部**ウ**）とはどういうことですか、説明しなさい。（編集部注：解答欄　縦13.5cm×横0.9cmの2行）

問4　「青の明滅に日常の破れ目を待つという自負と願望があっさり消し去られた」（傍線部**エ**）とはどういうことですか、説明しなさい。（編集部注：解答欄　縦13.5cm×横0.9cmの2行）

学ぶ人は、
変えてゆく人だ。

目の前にある問題はもちろん、

人生の問いや、

社会の課題を自ら見つけ、

挑み続けるために、人は学ぶ。

「学び」で、

少しずつ世界は変えてゆける。

いつでも、どこでも、誰でも、

学ぶことができる世の中へ。

旺文社

大学入試

柳生好之のThe Rules現代文問題集 4 入試最難関

はじめに

現代文読解に必要な「文法」「論理」をルールにまとめました

入試で出題される現代文においては、全く同じ文章を目にすることは極端に少なく、毎回違う文章と格闘しなくてはいけません。今までの人生で多くの読書経験があれば、初めて見る文章に臆することなく立ち向かうこともできると思います。実際多くの場合、現代文が得意な人は読書経験が豊富な人です。一方で、今まで文章を読んだ経験が少ないという受験生にとっては、受験当日までに熱心な読書家と同じだけの大量の文章を読むことはできないので、現代文という科目が高い壁として立ちはだかります。本書はこのような受験生を救うために作られました。

読書経験が少なくとも、「文法」「論理」という客観的なルールに従えば、大学入試で問われるくらいの内容ならば、読み解くことが可能なのです。大学入試では文章と自分の人生経験とを結びつけた深い意味の理解は問われません。あくまで「文章に書いてあることを、書いてある通りに理解できているか」が問われるのです。こちらの理解ならば、ルールを身につけることによって短期間でできるようになります。

本書は僕自身が大量の入試問題を研究する中で、必ず問われるポイントとなるようなことを選び抜いて洗練させて作りました。「文法」「論理」といった客観的なルールをもとにして、入試問題の設問を解くのに最適化させた珠玉のルールたちです。ぜひこの「The Rules」を自らの武器として、現代文という壁を乗り越えてください。

昨日見た問題が解けるだけでなく、まだ見ぬ明日の問題も解けるようになる。

これが「The Rules」の一番の目的です。

そして、本書をきっかけとして、今まで文章をあまり読んでこなかったという皆さんが大学に合格して、未知の様々な分野の本に臆することなく、むしろ、好奇心を持ってたくましく立ち向かう熱心な読書家になってくだされば、これに勝る喜びはありません。

柳生好之

目次

柳生好之 やぎゅう・よしゆき

1979年石川県生まれ。早稲田大学第一文学部総合人文学科日本文学専修卒業。オンライン予備校「スタディサプリ」現代文講師。難関大受験専門塾「現論会」代表。「スタディサプリ」では東大をはじめとした難関大対策・共通テスト対策などの講座を多数担当している。著書は『ゼロから覚醒 はじめよう現代文』(かんき出版)、『柳生好之の現代文ポラリス』(KADOKAWA)、『入試現代文の単語帳 BIBLIA2000』(Gakken)など、20冊以上。

編集協力：広瀬菜桜子・株式会社友人社
校正：そらみつ企画／加藤陽子／中村悠季／鈴木充美／國本美智子／加田祐衣
組版：日之出印刷株式会社
装幀・本文デザイン：相馬敬徳（Rafters）
装幀写真撮影：曳野若菜

本書の特長と使い方

特長

本書は、大学入試現代文の傾向を知り、対策を立てるための問題集です。本書では現代文読解に必要な「文法」「論理」をルールにまとめています。大学や文章のレベルを問わず使える再現性が高い一生モノのルールです。構成は次の通りです。

▼問題

近年の入試問題の中から、レベルに応じた10題を掲載しています。本書では長さにとらわれずに「優れた文章・設問」を採用しました。

難易度やジャンルにとらわれず、ルールを身につけるのに最適な順番で配置してあるので、必ず順番通りに解いてください。

▼解答・解説

このレッスンで出てくるルール

各レッスンで登場するルールを紹介しています。ルールは、次の二種類に分類されています。

読解……本文の読解に関わるルール
解法……設問の解答に関わるルール

※読解／解法のうち発展的な内容には発展、難易度の高い内容には難関のマークを付しています。これらは「このレッスンで出てくるルール」には紹介せず、該当箇所のみに紹介しています。

本文解説

上段には本文を再掲載し、着目ポイントなどを次のように示しています。

【 】……比較的重要度が高い情報（筆者の主張、心情など）
（ ）……読解の手がかりになる部分（具体例、比喩、引用、譲歩など）
〈 〉……主題、主語（部）
□……情報の整理に役立つ指示語・接続表現・フレームなど
※「フレーム」とは文章を読むときに注意すべき「枠組」のことです。
……重要な情報
……重要な情報と対立関係にある情報
※その他、対応関係などを「↔」「←」「―」の線でつなげています。
※これらは、全てに付いているわけではなく、特に重要な部分に付いています。

下段にはルールを紹介しています。上段の該当箇所と合わせて確認しましょう。

読解マップ……本文を整理し、まとめています。
本文要約……本文を200字程度で要約しています。
重要語句……重要な語句に説明を付けました。
※語句の上の数字は本文の行数です。

設問解説

各設問を解説しています。「空所補充問題」など各設問の種類を示すとともに、難易度を★～★★★の三段階で示しています。

使い方

❶目標時間を意識して問題を解く

「この本での目標時間」を目指して問題を解いてみてください。

❷「本文解説」「読解マップ」「設問解説」の順番に解説を確認する

解答を確認した後は、間違えたところだけではなく、解説全体を読みましょう。できれば意味段落分けと要約にもチャレンジしてみましょう。

『The Rules』全67ルール一覧

●本書に収録されているルールは色文字で示されているものです。（⇒○）は掲載Lessonを示しています。
●1234はそれぞれ次の本を表しています。1：1入試基礎、2：2入試標準、3：3入試難関、4：4入試最難関。

≫ルール0　大原則「現代文では本文に書いてあることが正しい」

現代文では「事実」や「常識」に一致していることが正しいのではなく、「本文」に書いてあることが正しいという絶対ルールがあります。このルール0に基づき「❶本文を読んでから設問を解く」「❷本文中に解答の根拠を求める」を必ず実行するようにしてください。

これは学んだことが別の問題でも活かせることを証明するとともに、入試本番でも同じルールで読み解くことができるようになることを目的としています。本書では同じルールが何度も登場しますが、

記述の基本ルール

記述の基本的なルールを7ページに示したので、問題編に取りかかる前に読んでおくようにしましょう。

ルール1　読解　「は」で強調されている「主題」に注目する！　⇓2・6・8　1 2 3 4
ルール2　読解　「同値関係（＝言い換え）」に注意する！　⇓5　1 2 3 4
ルール3　読解　「キーワード」の「詳しい説明」に注意する！　⇓5・9　1 2 3 4
ルール4　読解　「対立関係」を整理して「主張」や「重要な情報」をとらえる！　⇓1～6・8　1 2 3 4
ルール5　読解　「変化」は「何から」「何へ」の部分に注目する！　1 2 3 4
ルール6　読解　「矛盾」に注意する！　⇓4　1 2 3 4
ルール7　読解　本文の矛盾は「逆説」を疑う！　⇓1　1 2 3 4
ルール8　読解　「皮肉」の表現に注目する！　1 2 3 4
ルール9　読解　「並列関係」は並べる事柄とその対応を整理する！　⇓3・6　1 2 3 4
ルール10　読解　「類似」に注目する！　⇓2・7・9・10　1 2 3 4
ルール11　読解　「因果関係」は原因と結果に注目する！　1 2 3 4
ルール12　読解　「因果関係」は表現で見抜く！　1 2 3 4
ルール13　読解　「ある事柄」が成立するための「条件」に注目する！　⇓1～3　1 2 3 4
ルール14　読解　「主張」に伴う「根拠」を意識する！　⇓6・8・9　1 2 3 4
ルール15　読解　本文に書かれていない「結論」を推察する！　⇓5　1 2 3 4
ルール16　読解　「具体例」前後の「筆者の主張」を見抜く！　1 2 3 4
ルール17　読解　「まとめ」は「筆者の主張の要点」と考える！　1 2 3 4

ルール	分類	内容	参照
ルール18	読解	「比喩」は「何を／何にたとえているか」「共通点は何か」を整理する！	
ルール19	読解	「エピソード」は「筆者の主張」とセットでとらえる！	⇓9
ルール20	読解	「エピソード」は「筆者の心情」とセットでとらえる！	⇓4・10
ルール21	読解	「エピソード」で「登場人物の心情」をとらえる！	
ルール22	読解	「引用」は「筆者の主張」とセットでとらえる！	⇓3
ルール23	読解	「疑問文」の「答え」は「筆者の主張」と考える！	⇓1・9
ルール24	読解	「話題の転換」は「意味段落」のヒントと考える！	
ルール25	読解	「分類」に注意して内容を整理する！	
ルール26	読解	「数詞」や「場合分け」で列挙されているポイントを押さえる！	⇓2・6
ルール27	読解	「時間（時代）」が示す「変化」や「経緯」に注目する！	⇓5
ルール28	読解	「場面の転換」は「時・場所・人物」の変化で見極める！	⇓7
ルール29	読解	「セリフの話者」を補足して読む！	⇓7
ルール30	読解	「象徴」は「何を象徴しているか」に着目する！	⇓7
ルール31	読解	「心情」をとりまく原因や結果を押さえる！	⇓7・10
ルール32	読解	「心情の変化」を見逃さない！	⇓7
ルール33	読解	直接導けない「心情」は「特殊事情」を読み取る！	⇓10
ルール34	読解	「具体例」が長い場合には、はじめと終わりに（ ）を付けて読み飛ばす！	
ルール35	読解	「類似」から「差異」への転換に注意する！ 発展	
ルール36	読解	「条件の変化」に注意する！ 発展	
ルール37	読解	筆者の主張と異なる「補足」に注意する！ 発展	
ルール38	読解	「包摂関係」に注目して「具体例」を見抜く！ 発展	
ルール39	読解	地の文の会話部分には、カギカッコを付けて読む！ 発展	⇓7
ルール40	読解	「相反する心情」はそれぞれの原因をとらえる！ 発展	
ルール41	解法	傍線部内容説明問題は「解答へのステップ」で解く！	⇓1
ルール42	解法	具体例を挙げる問題は「解答へのステップ」で解く！	⇓1

ルール43 解法 傍線部理由説明問題は「解答へのステップ」で解く！ ⇓2 1 2 3 4

ルール44 解法 空所補充問題は「解答へのステップ」で解く！ ⇓3 1 2 3 4

ルール45 解法 脱文補充問題は「解答へのステップ」で解く！ ⇓4 1 2 3 4

ルール46 解法 文整序問題は「解答へのステップ」で解く！ ⇓6 1 2 3 4

ルール47 解法 内容真偽問題は「解答へのステップ」で解く！ ⇓2 1 2 3 4

ルール48 解法 キーワード説明問題は「解答へのステップ」で解く！ ⇓3 1 2 3 4

ルール49 解法 心情把握問題は「解答へのステップ」で解く！ ⇓7 1 2 3 4

ルール50 解法 要約問題は「解答へのステップ」で解く！ ⇓5 1 2 3 4

ルール51 解法 根拠を探すときは「関係」がある文に注目する！ 1 2 3 4

ルール52 解法 「指示語」は必ず「指示対象」を確認する！ ⇓6 1 2 3 4

ルール53 解法 選択肢の検討では「文の構造」にも注意する！ 1 2 3 4

ルール54 解法 選択肢の検討では「助詞の使われ方」にも注意する！ 1 2 3 4

ルール55 解法 本文に書いてあることでも、設問で問われているポイントを含まない選択肢は消去する！ ⇓4 1 2 3 4

ルール56 解法 「矛盾」を含む選択肢は消去する！ 1 2 3 4

ルール57 解法 余計な条件や説明が加えられた選択肢は消去する！ ⇓6 1 2 3 4

ルール58 解法 過度の「全体化」をしている選択肢は消去する！ ⇓6 1 2 3 4

ルール59 解法 本文にない因果関係がある選択肢は消去する！ ⇓6 1 2 3 4

ルール60 解法 要約に「比喩」「詳しい説明」「具体例」は入れない！ ⇓5 1 2 3 4

ルール61 解法 要約には「個人言語」の定義をできるだけ入れる！ ⇓5 1 2 3 4

ルール62 解法 「二重の指示語」があったら、さらに指示対象を探す！ 発展 ⇓3・7・9 1 2 3 4

ルール63 解法 「飛躍」は「常識」から補うことがある！ 発展 1 2 3 4

ルール64 解法 長い説明は「語彙力」を使って表現圧縮をする！ 難関 ⇓8・10 1 2 3 4

ルール65 解法 自分の言葉で「飛躍」を埋める「補足説明」をする！ 難関 ⇓8 1 2 3 4

ルール66 解法 具体例は「一般化」して表現圧縮をする！ 難関 ⇓8 1 2 3 4

ルール67 解法 問われていない部分の説明をしたら減点となる！ 難関 ⇓9 1 2 3 4

記述の基本ルール

記述問題は、国公立大学の二次試験だけではなく、様々な私立大学でも出題されます。自身の志望する大学に記述問題が出題されるか調べておくことはもちろん、ここで紹介する内容をしっかり頭に入れて対応できるようにしましょう。

記述ルール❶　基本三原則を守る！

記述解答の際には次の三原則を必ず守りましょう。

一、漢字を正しく書く
二、文法・語法・構文に忠実に書く
三、内容の過不足なく書く

細かく減点されることもあるので、ミスがないかを読み直すなど、自身の答案をしっかりと確認しましょう。

記述ルール❷　制限字数の7割以上は書く！

制限字数の半分に満たない答案は採点されないこともあるので、7割以上は書くように心がけましょう（注記されていない限りは句読点も字数に含めます）。

また制限字数が示されていない場合は、解答欄の大きさを確認して、枠内におさまるように書けば良いでしょう。

記述ルール❸　主語と述語が対応するように書く！

日本語文の骨格は主語と述語です。ここが対応していないと、内容が根本的に間違ってしまうので要注意です。

例：×私の将来の目標は、大学教授になりたい。
　　○私の将来の目標は、大学教授になることだ。

記述ルール❹　修飾語と被修飾語は近くに置く！

解答の一文が長い場合、修飾語と被修飾語が離れすぎていると読みにくく、減点される可能性があるので、気をつけましょう。

例：「多くの高校生」が集まったことを伝える場合
　　×多くの問題集を持っている高校生が集まった。
　　○問題集を持っている多くの高校生が集まった。

記述ルール❺　特殊な言い回しは避ける！

記述解答では、特殊な言い回しは避け、一般的な言い回しで書きましょう。誰にでも一通りの意味で伝わる文章を書くことを意識しましょう。

例：×受験勉強は水滴が岩盤をうがつようにするべきだ。
　　○受験勉強は日々の継続的な学習が重要だ。

記述ルール❻　設問に対応した文末表現にする！

記述解答は、必ず設問に対応した文末表現にしましょう。

例：設問「どういうことか」→解答「～ということ。」
　　設問「なぜか」→解答「～から。」

Lesson 1

解答・解説

▼問題 別冊 3ページ

このレッスンで出てくるルール

ルール4 読解「対立関係」を整理して「主張」や「重要な情報」をとらえる！
ルール23 読解「疑問文」の「答え」は「筆者の主張」と考える！
ルール7 読解 本文の矛盾は「逆説」を疑う！
ルール41 解法 傍線部内容説明問題は「解答へのステップ」で解く！⇒問1
ルール42 解法 具体例を挙げる問題は「解答へのステップ」で解く！⇒問2
ルール13 読解「ある事柄」が成立するための「条件」に注目する！⇒問4

解答

問1 歴史は自由主義と民主主義の勝利で終わったわけでもなく、まとまりをもった巨大文明圏が複数立ち上がって世界を分かつこともなさそうである。(66字)

問2 (例)イスラームにおける宗派対立や内戦、不和と非協力。(24字)
(例)自由主義と民主主義の欧米諸国内の深い亀裂と分裂。(24字)

問3 (例)分散した主体が、地理的な連続性と一体性に囚われず各地で同調し文

配領域を広げる点。（40字）

問4 (例)グローバル化による移動の自由の拡大と情報通信技術の普及。（28字）

問5 (例)社会の内側にイデオロギーによる断裂が存在し、個人の内側にも同様の分裂がある中で、ある理念に同調する勢力が各地で拡大し世界に秩序変化をもたらす恐れがある状態。（78字）

本文解説

出典：池内恵（いけうちさとし）「すばらしい『まだら状』の新世界」

意味段落Ⅰ　「冷戦終結後の秩序は均質化でも分裂と対立でもなかった」

1 冷戦が終結した時、三〇年後の世界がこのようなものになっていると、誰が予想しただろうか。フランシス・フクヤマは『歴史の終わり』で、自由主義と民主主義が世界の隅々まで行き渡っていく、均質化した世界像を描いた。［ルール4］それに対してサミュエル・ハンチントンは『文明の衝突』で、宗教や民族を中心にした歴史的な文明圏による結束の根強さと、それによる世界の分裂と対立を構想した。

2 A［ルール23 問題提起］いずれの説が正しかったのだろうか？［→答え 7段落］（［譲歩］確かに、世界の均質化は進み、世界の隅々まで到達したインターネットとスマートフォンの上で、自由主義や民主主義の理念も、気軽に手にして呼びかけることができる商品であるかのように普及した。）しかしそれらが現実の制度として定着し、実現しているかというと、心もとない。

3 それではハンチントンの言う「文明の衝突」が生じたのか。（［譲歩］確かに、冷戦終結直後のバルカン半島の民族紛争や、二〇〇一年のアル＝カーイダによる九・一一事件をきっかけとした、米国とイスラーム過激派勢力とのグローバルなテロと対テロ戦争の応酬、二〇一四年のイラクとシ

ルール4 読解
「対立関係」を整理して「主張」や「重要な情報」をとらえる！

ある事柄を説明するときは、反対の内容と比較することでわかりやすくなります。そのため論理的文章では「対立関係」にある文が頻出しますので、意識しながら読んでいきましょう。

「対立関係」を表す表現

① 「譲歩」のフレーム
- □確かにA、しかしB。
- □もちろんA、しかしB。
- □なるほどA、しかしB。
- □無論A、しかしB。

② 「否定」のフレーム
- □AではなくB
- □Aではない。B

③ 「差異」のフレーム
- □AはXであるのに対し、BはYである。

リアでの「イスラーム国」の台頭、といった事象を並べれば、世界は宗教や民族による分断と対立によって彩られているように感じられる。）しかし実際の世界は、文明によって明確に分かたれていない。文明間を分け隔てる「鉄のカーテン」は、地図上のどこにもない。

4 むしろ「文明の内なる衝突」の方が顕在化し、長期化している。（具体例 イスラーム過激派は世界のイスラーム教徒とその国々を、国内政治においても、国際政治においてもまとめる求心力や統率力を持っていない。実際に生じているのは、イスラーム教徒の間の宗派対立であり、イスラーム諸国の中の内戦であり、イスラーム諸国の間の不和と非協力である。

5 「イスラーム国」やアル＝カーイダの脅威を受けるのは、なによりもまず中東やアフリカのイスラーム諸国であり、人々は宗教規範を掲げた独善を武力で押し付けるイスラーム過激派の抑圧から逃れるには、劣らず抑圧的な軍部・軍閥の元に庇護を求めるしかない、という苦しい選択を迫られている。

6 これに向き合って、自由主義と民主主義の牙城となるはずの米国や西欧もまた、求心力を失い、内部に深い亀裂と分裂を抱えている。「欧米世界」の一体性と、その指導力、そしてそれが世界を魅了していた輝きは、多分に翳りを見せ始めている。「欧米世界」は、外からは中国やロシアによる地政学的な挑戦を前にじりじりと後退を余儀なくされ、内からは、英国のＥＵ離脱、米国のトランプ政権にまつわる激しい分断に顕著な、揺らぎと分裂の様相を示している。冷戦後に「欧米世界」に歓喜して加わった東欧諸国をはじめとしたＥＵの周縁諸国からは、あから

「冷戦が終結した後の世界」

・自由主義と民主主義が世界の隅々まで行き渡っていく、均質化した世界になる

↔ 対立関係

・宗教や民族を中心にした歴史的な文明圏による結束の根強さによって分裂、対立した世界になる

ルール23 読解 「疑問文」の「答え」は「筆者の主張」と考える！

論理的文章において「疑問文」は「問題提起」の働きをします。読者にあえて疑問を投げかけることによって注意をうながして、「筆者の主張」に導きます。「問題提起」を発見したら、その「答え」を探しましょう。直後に来る場合もありますが、かなり後ろの方に来る場合もありますので、忘れないように「疑問文」にはチェックを付けておきましょう。

さまに自由主義や民主主義をかなぐり捨て、ポピュリズムと権威主義の誘惑に身を投げるかのような動きが現れている。）

7 答え 歴史は自由主義と民主主義の勝利で終わったわけでもなく、まとまりをもった巨大文明圏が複数立ち上がって世界を分かつこともなさそうである。

意味段落Ⅱ 「現在の秩序は『まだら状』の秩序である」

8 ルール23 問題提起 現在の世界秩序を何と呼べばいいのだろうか？ 答え 私は試みにそれを「まだら状の秩序」と呼んでみている。問題提起 「まだら状」とは何か？ それははたして「秩序」と言いうるものなのか？

9 現在の世界地図は、政治体制によっても、宗教や民族によっても、明確に分かたれていない。答え（自由主義とイスラーム主義といったイデオロギーによる断裂の線は、地理的な境界を持たず、中東でもアフリカでも、欧米の国々でも、社会の内側に走っている。

10 個々人の内側も、一方で、手にしたスマートフォンを今更手放せないのと同様に、慣れ親しんだ自由を享受せずにはいられないにもかかわらず、他方で、強い指導者に難問を委ね、即断即決の強権発動で解決してもらおうという心性に、知らずのうちに侵食されている。ここに「まだら」な状態が生じてくる。）

11 「イスラーム国」は、世界が様々な脅威によって不意に「まだら」に侵食されて変容する秩序変化のあり方を、先駆的に示したものだったと言えるのではないか。二〇一四年から二〇一八

問題提起（2段落）
いずれの説が正しかったのだろうか？

←

答え
歴史は自由主義と民主主義の勝利で終わったわけでもなく、まとまりをもった巨大文明圏が複数立ち上がって世界を分かつこともなさそうである

←

いずれの説も正しくなかった

問題提起
現在の世界秩序を何と呼べばいいのだろうか？

←

答え
私は試みにそれを「まだら状の秩序」と呼んでみている

年にかけて急速に支配領域を拡大し、そして急速に消え去った「イスラーム国」という現象は、旧来の世界史記述にあるような帝国や国家の盛衰とは、メカニズムを異にする。組織的な中央政府が秩序立った軍を整備して領域を拡大し、周辺諸国を「併呑（へいどん）」して国境線を外に広げていくのではなく、各地にポツポツと現れた「イスラーム国」への共鳴者たちが、それぞれの街区や町や地域を支配して、「まだら状」に支配領域を広げていく。従来の国家が国境と領土の連続性と一体性を原則とし、面的に広がっていくことを競ったのに対して、「イスラーム国」は地理的な連続性と一体性に囚われない。（まるで散らばった水滴が繋（つな）がって水たまりとなり、池となり、やがては大海となるかのように）、分散した主体が、各地で同じ方向の同じ動きを繰り返すうちに、外的環境が整うことによって結びつき、（奔流のような）勢いを持ち始める。

12 これを既存の国家や国際システムが押さえ込むには、多大な労力と犠牲を必要とする。「イスラーム国」のメカニズムは、イスラーム教の共通の規範体系という前近代に確立された「インフラ」を、グローバル化による移動の自由の拡大、情報通信の手段の普及という現代のインフラと結合させ、双方の恩恵を存分に受け、活用したものだった。確固とした中央組織を持たず、インターネットを通じて不特定多数に対して、イスラーム教の特定の規範の履行義務を繰り返し呼びかけ、自発的な呼応を誘う。これによって各地に「まだら状」に現れた同調者・小集団が個別に行う運動を、インターネット上で集約し、一つのものとして発信し、認知させる。それがまた新たな呼応者を生んでいく。

ルール4 読解
「対立関係」（差異）を整理して「主張」や「重要な情報」をとらえる！

→10ページ

ここでは「差異（＝異なる点）」を説明しているので、二つの事柄の違いを理解して、主張をとらえましょう。

「従来の国家」
- 組織的な中央政府が秩序立った軍を整備して領域を拡大し、周辺諸国を「併呑」して国境線を外に広げていく
- 国境と領土の連続性と一体性を原則とし、面的に広がっていくことを競った

⇔ **対立関係（差異）**

「イスラーム国」
- 各地にポツポツと現れた「イスラーム国」への共鳴者たちが、それぞれの街区や町や地域を支配して、「まだら状」に支配領域を広げていく
- 地理的な連続性と一体性に囚われない

13 各個人がイスラーム主義の理念に惹（ひ）かれ呼応する、内なる動因に依拠した運動を抑圧するには、多大な自由の抑圧を伴いかねない。ルール7 逆説（イスラーム過激派を抑圧するための行動が、自由主義と民主主義の抑圧をもたらしてしまうというジレンマである。）「イスラーム国」が活性化した二〇一四年から二〇一八年にかけて、それを根絶するために、自由主義と民主主義の側が自らの理念を返上し、結果的に「イスラーム国」の理念が勝利するというディストピアの実現のすれすれまで、世界は知らずのうちに追い込まれたとも言えよう。「イスラーム国」の組織の消滅は、「イスラーム国」の理念を撲滅したわけでもなく、さらに、「イスラーム国」が「まだら状」に発生し拡大することを可能にしたグローバル化と情報通信技術の普及を止めたわけでもない。

D 同様の事象は、条件が変わらなければ、今後常に起こりうる。それは中東やイスラーム世界から起こるとは限らない。グローバルな条件が可能にする、グローバルな危機の震源は、比喩（「まだら」な世界地図のひとつひとつの斑点のように）、世界各地に、究極的にはわれわれ一人ひとりの内側に、点在している。

≫ルール7 読解
本文の矛盾は「逆説」を疑う！

「逆説」とは一見矛盾しているが、実は一面の真理を言い表している表現のことです。現代文では「本文に書かれていることは正しい」と考えるのが基本です。矛盾しているように見える表現は「逆説」として正しいことを言っているのではないかと疑い、筆者の言いたいことをとらえるようにしましょう。

「逆説」のフレーム

□Aすると、かえってB
□Aと同時にB

⊕イスラーム過激派を抑圧するための行動が

逆説

⊖自由主義と民主主義の抑圧をもたらしてしまう

意味段落Ⅰ　「冷戦終結後の秩序は均質化でも分裂と対立でもなかった」（1～7）

「冷戦が終結した後の世界」
・自由主義と民主主義が世界の隅々まで行き渡っていく、均質化した世界になる

⇔　**対立関係**

・宗教や民族を中心にした歴史的な文明圏による結束の根強さによって分裂、対立した世界になる

問題提起
いずれの説が正しかったのだろうか？

↓

答え
歴史は自由主義と民主主義の勝利で終わったわけでもなく、まとまりをもった巨大文明圏が複数立ち上がって世界を分かつこともなさそうである

↓

いずれの説も正しくなかった

本文要約

冷戦が終結した後、自由主義と民主主義が世界の隅々まで行き渡っていくのでもなく、宗教や民族を中心にした文明圏による結束によって、世界が分裂、対立するわけでもなく、「まだら状」の秩序が誕生した。グローバル化による移動の自由の拡大と情報通信技術の普及により、ある理念に同調する人々が地理的な境界によって仕切られることなく「まだら状」に支配を拡大することはグローバルな危機につながる。その根源は世界各地に、そして個々人の内側に、点在している。

重要語句

□2自由主義（じゆうしゅぎ）＝個人の自由を尊重し国家や集団の干渉を退ける思想。リベラリズム
□2民主主義（みんしゅしゅぎ）＝主権が国民にあり、国民の意思によって政治をする体制

意味段落Ⅱ「現在の秩序は『まだら状』の秩序である」（8～13）

「従来の国家」
・組織的な中央政府が秩序立った軍を整備して領域を拡大し、周辺諸国を「併呑」して国境線を外に広げていく
・国境と領土の連続性と一体性を原則とし、面的に広がっていくことを競った

⇔ **対立関係（差異）**

「イスラーム国」
・各地にポツポツと現れた「イスラーム国」への共鳴者たちが、それぞれの街区や町や地域を支配して、「まだら状」に支配領域を広げていく
・地理的な連続性と一体性に囚われない

グローバル化による移動の自由の拡大と情報通信技術の普及
←
ある理念に同調する人々が地理的な境界によって仕切られることなく「まだら状」に支配を拡大
←
グローバルな危機
その震源は世界各地に、究極的にはわれわれ一人ひとりの内側に、点在している

□27地政学（ちせいがく）＝国の特質や政策を地理的角度から研究する学問
□30ポピュリズム＝大衆に迎合する政治姿勢
□30権威主義（けんいしゅぎ）＝権力者に盲目的に従ったり、判断を全面的にゆだねたりする姿勢
□37イデオロギー＝政治や社会生活において根本となる考え方や思想
□47併呑（へいどん）＝他国を自国の支配下に置くこと

設問解説

問1 傍線部内容説明問題

難易度★

ルール41 解法

傍線部内容説明問題は「解答へのステップ」で解く！

傍線部内容説明問題の解答へのステップ

ステップ1 傍線部を含む一文を分析する

「主語（部）」や「接続表現」、傍線部の中にある「わかりにくい表現」＝「指示語」「比喩表現」「個人言語」（※）を押さえます。

ステップ2 解答の根拠をとらえる

ステップ1で押さえた「わかりにくい表現」の説明になっている部分を探します。

ステップ3 解答を決定する

ステップ2でとらえた根拠をもとに解答を決めます。

（※）「個人言語」…筆者などが辞書的な意味とは異なる特殊な意味で用いている言葉。

現代文では同じ「問題文」が出題されることはありませんが、出題される設問の形式はほとんど決まっています。そのため、設問形式ごとに一定のアプローチ法を学ぶことにはとても重要な意義があります。

今回の問題は「問い」に対する「筆者の答え」をとらえる問題ですが、ポイントが「いずれ」（＝どちら）という指示語なので、「どういうことか」を説明する傍線部内容説明問題と同じように解くと良いでしょう。

ステップ1 傍線部を含む一文を分析する

A 主部〈いずれの説が〉正しかったのだろうか？

「いずれ」は「どちら」と同じで指示語なので、指示対象を前に求めましょう。「どちら」ですから指示対象は二つある点に注意してください。

また、傍線部は「疑問文」となっており、「問題提起」の働きをしていますので、「答え」は後ろにあります。

ステップ2 解答の根拠をとらえる

1 冷戦が終結した時、三〇年後の世界がこのようなものになっていると、誰が予想しただろうか。フランシス・フクヤマは『歴史の終わり』で、自由主義と民主主義が世界の隅々まで行き渡っていく、均質化した世界像を描いた。それに対してサミュエル・ハンチントンは『文明の衝突』で、宗教や民族を中心にした歴史的な文明圏による結束の根強さと、それによる世界の分裂と対立を構想した。

問題提起

A

2 **いずれ**の説が正しかったのだろうか? **確かに**、世界の均質化は進み、……自由主義や民主主義の理念も、……普及した。**しかし**それらが現実の制度として定着し、実現しているかというと、心もとない。

3 **それでは**ハンチントンの言う「文明の衝突」が生じたのか。**確かに**、……世界は宗教や民族による分断と対立によって彩られているように感じられる。**しかし**実際の世界は、文明によって明確に分かたれていない。……

「いずれ」は**a**「自由主義と民主主義が世界の隅々まで行き渡っていく、均質化した世界像」と、**b**「宗教や民族を中心にした歴史的な文明圏による結束の根強さと、それによる世界の分裂と対立」を指しています。

このことをふまえて傍線部の「問題提起」の「答え」を求めると、**a**は2段落で、**b**は3段落で否定されています。

問題提起「aかbか、いずれの説が正しかったのか?」

↓

答え「aでも、bでもない」

「**a**でも、**b**でもない」という「答え」を表している文を求めると、7段落に見つかります。

ステップ3 解答を決定する

以上より、解答は「歴史は自由主義と民主主義の勝利で終わったわけでもなく、まとまりをもった巨大文明圏が複数立ち上がって世界を分かつこともなさそうである。」(66字)となります。

問2 具体例を挙げる問題 難易度★

》記述ルール→7ページ

記述問題には、「どういうことか」「なぜか」などあらゆる問い方があります。問われている内容に対応する「解答へのステップ」を利用して解いていきましょう。

問2は「具体例を……挙げなさい」と指示されているので、具体例を挙げる問題の「解答へのステップ」を利用します。

》ルール42 解法
具体例を挙げる問題は「解答へのステップ」で解く!

具体例を挙げる問題の解答へのステップ

ステップ1 傍線部を含む一文を分析する

「主語（部）」や「接続表現」、傍線部の中にある「わかりにくい表現」＝「指示語」「比喩表現」「個人言語」を押さえます。

ステップ2 解答の根拠をとらえる

ステップ1で押さえた「主語（部）」などを手がかりに、傍線部の具体例が書かれている部分を探します。具体例がない場合は、「わかりにくい表現」の説明になっている部分を探し、その説明に当てはまる具体例を考えます。

ステップ3 解答を決定する

ステップ2でとらえた根拠をもとに解答を決めます。

ステップ1 傍線部を含む一文を分析する

むしろ〈「文明の内なる衝突」の方が〉顕在化し、長期化している。（B・主部）

「文明の内なる衝突」は筆者の「個人言語」なので、その説明を求めましょう。

ステップ2 解答の根拠をとらえる

4 ……長期化している。（具体例 イスラーム過激派は世界のイスラーム教徒とその国々を、国内政治においても、国際政治においてもまとめる求心力や統率力を持っていない。実際に生じているのは、イスラーム教徒の間の宗派対立であり、イスラーム諸国の中の内戦であり、イスラーム諸国の間の不和と非協力である。）

「実際に生じているのは」以下の部分を見て、ポイントをまとめましょう。

「文明の内なる衝突」の例

①イスラーム教徒の間の宗派対立であり

②イスラーム諸国の中の内戦であり

③イスラーム諸国の間の不和と非協力である

ステップ3 解答を決定する

以上より、解答例は「イスラームにおける宗派対立や内戦、不和と非協力。」（24字）となります。「文明」の具体例が「イスラーム」となり、「衝突」の具体例が「宗派対立」「内戦」「不和と非協力」となります。

今回の問題には具体例を全て挙げるという条件はないので、欧米に関しては説明していないのですが、別解例として「自由主義と民主主義の欧米諸国内の深い亀裂と分裂。」（24字）でも良いです。

問3 傍線部内容説明問題 難易度★★

≫ルール41→18ページ
≫記述ルール→7ページ

ステップ1 傍線部を含む一文を分析する

〈二〇一四年から二〇一八年にかけて急速に支配領域を拡大し、そして急速に消え去った「イスラーム国」という現象は〉（主部・C）、旧来の世界史記述にあるような帝国や国家の盛衰とは、メカニズムを異にする。

「イスラーム国」と「旧来の帝国や国家」との差異を説明する問題です。「差異」の説明を求めましょう。

ステップ2 解答の根拠をとらえる

11 ……C「イスラーム国」という現象は、旧来の世界史記述にあるような帝国や国家の盛衰とは、メカニズムを異にする。組織的な中央政府が秩序立った軍を整備して領域を拡大し、周辺諸国を「併呑」して国境線を外に広げていくのではなく、各地にポツポツと現れた「イスラーム国」への共鳴者たちが、それぞれの街区や町や地域を支配して、「まだら状」に支配領域を広げていく。従来の国家が国境と領土の連続性と一体性を原則とし、面的に広がっていくことを競ったのに対して、「イスラーム国」は地理的な連続性と一体性に囚われない。……分散した主体が、各地で同じ方向の同じ動きを繰り返すうちに、外的環境が整うことによって結びつき、奔流のような勢いを持ち始める。

「Aではなく、B」、「Aに対して、B」という**「否定」と「差異」のフレーム**（→10ページ）に注目して、差異を整理しましょう。

「従来の国家」

・組織的な中央政府が、国境と領土の連続性と一体性を原則とし、領域（領土）を面的に広げていく

↔対立関係（差異）

「イスラーム国」

・分散した主体が、地理的な連続性と一体性に囚われることなく、各地で同調するうちに結びついて支配領域を広げていく

ステップ3 解答を決定する

以上より、解答例は「分散した主体が、地理的な連続性と一体性に囚われず各地で同調し支配領域を広げる点。」（40字）となります。

問4 傍線部内容説明問題 難易度★★

≫ルール41→18ページ
≫記述ルール→7ページ

ステップ1 傍線部を含む一文を分析する

D〈同様の事象は〉（主部）、条件が変わらなければ、今後常に起こりうる。

「同様の事象」と、その「条件」の説明を求めましょう。

ステップ2 解答の根拠をとらえる

13 各個人がイスラーム主義の理念に惹かれ呼応する、内なる動因に依拠した運動を抑圧するには、多大な自由の抑圧を伴いかねない。……「イスラーム国」が活性化した二〇一四年から二〇一八年にかけて、それを根絶するために、自由主義と民主主義の側が自らの理念を返上し、結果的に「イスラーム国」の理念が勝利するというディストピアの実現のすれすれまで、世界は知らずのうちに追い込まれたとも言えよう。「イスラーム国」の組織の消滅は、「イスラーム国」の理念を撲滅したわけでもなく、さらに、「イスラーム国」が「まだら状」に発生し拡大することを可能にしたグローバル化と情報通信技術の普及を止めたわけでもない。D同様の事象は、条件が変わらなければ、今後常に起こりうる。それは中東やイスラーム世界から起こるとは限らない。グローバルな条件が可能にする、グローバルな危機の震源は、「まだら」な世界地図のひとつひとつの斑点のように、世界各地に、究極的にはわれわれ一人ひとりの内側に、点在している。

「同様の事象」とは、続けて「それは中東やイスラーム世界から起こるとは限らない」とあることからわかるように、「イスラーム国」のような組織が「まだら状」に発生し拡大することです。このような事象が起きると、その動きを抑圧するために「多大な自由の抑圧」が起きる可能性があり、現に「イスラーム国」の根絶にあたっては自由主義と民主主義がその理念を返上する「ディストピアの実現のすれすれ」まで追い込まれました。「同様の事象」は「グローバルな条件が可能にする、グローバルな危機の震源」から今後も起こりえます。

「グローバルな条件」とは、「『イスラーム国』が『まだら状』に発生し拡大することを可能にしたグローバル化と情報通信技術の普及」から「グローバル化と情報通信技術の普及」だとわかります。これに関連して、「『イスラーム国』のメカニズム」を説明した12段落に「グローバル化による移動の自由の拡大、情報通信の手段の普及」とあることも押さえておきましょう。

≫ ルール13 読解 「ある事柄」が成立するための「条件」に注目する！

「ある事柄」が成立するための「条件」を説明する文章がよく出題されます。「ある事柄」にとって求められる「条件」を的確にとらえましょう。

「イスラーム国」のような組織が「まだら状」に発生し拡大する条件
・グローバル化による移動の自由の拡大、情報通信技術の普及

ステップ3 解答を決定する

以上より、解答例は「グローバル化による移動の自由の拡大と情報通信技術の普及。」（28字）となります。

問5 傍線部内容説明問題 難易度★★

≫ ルール41→18ページ
≫ 記述ルール→7ページ

ステップ1 傍線部を含む一文を分析する

〈私は〉（主語） 試みにそれを「まだら状の秩序」と呼んでみている。

「それ」という指示語、「まだら状の秩序」という「個人言語」がポイントになっています。

ステップ2 解答の根拠をとらえる

8 現在の世界秩序を何と呼べばいいのだろうか？ 私は試みにそれを「まだら状の秩序」と呼んでみている。……

9 現在の世界地図は、政治体制によっても、宗教や民族によっても、明確に分かたれていない。自由主義とイスラーム主義といったイデオロギーによる断裂の線は、地理的な境界を持たず、中東でもアフリカでも、欧米の国々でも、社会の内側に走っている。

10 個々人の内側も、一方で、手にしたスマートフォンを今更手放せないのと同様に、慣れ親しんだ自由を享受せずにはいられないにもかかわらず、他方で、強い指導者に難問を委ね、即断即決の強権発動で解決してもらおうという心性に、知らずのうちに侵食されている。ここに「まだら」な状態が生じてくる。

11 「イスラーム国」は、世界が様々な脅威によって不意に「まだら」に侵食されて変容する秩序変化のあり方を、先駆的に示したものだったと言えるのではないか。……

まず、「それ」の指示対象は「現在の世界秩序」です。

次に「まだら状の秩序」について、「まだら状」になっているのは、「社会の内側」と「個々人の内側」です。「社会の内側」には、「自由主義」の人も「イスラーム主義」の人もいて「イデオロギーによる断裂」が起きています。「個々人の内側」には、「自由を享受せずにはいられない」気持ちがありながら、「強い指導者に難問を委ね、即断即決の強権発動で解決してもらおうという心性」もあります。相反するものが同時に存在し、内部分裂した状態になっているのを、筆者は「まだら状」と言っているのです。

さらに問3・問4で見てきたように、グローバル化による移動の自由の拡大と情報通信技術の普及によって「まだら状」に発生した組織である「イスラーム国」は、その理念に同調する人々が、各地で支配領域を拡大することで勢いを増し、自由主義・民主主義にとっての脅威となりました。「まだら状の秩序」においては、このような脅威によって世界が侵食され、秩序変化が起きうるのです。

「まだら状の秩序」

- **社会の内側…自由主義、イスラーム主義といったイデオロギーによる断裂がある**
- **個人の内側…自由を享受せずにいられない一方、強権を持つ者に難問を委ねたいという心性もあり分裂している**
- **ある理念に同調する人々が各地で勢いを増し、世界を侵食するという秩序変化が起きうる**

ステップ3 解答を決定する

以上より、解答例は「社会の内側にイデオロギーによる断裂が存在し、個人の内側にも同様の分裂がある中で、ある理念に同調する勢力が各地で拡大し世界に秩序変化をもたらす恐れがある状態。」(78字)となります。

Lesson 2

解答・解説

▼問題 別冊 9ページ

このレッスンで出てくるルール

ルール1 読解 「は」で強調されている「主題」に注目する！
ルール26 読解 「数詞」や「場合分け」で列挙されているポイントを押さえる！
ルール4 読解 「対立関係」を整理して「主張」や「重要な情報」をとらえる！
ルール13 読解 「ある事柄」が成立するための「条件」に注目する！
ルール10 読解 「類似」に注目する！
ルール43 解法 傍線部理由説明問題は「解答へのステップ」で解く！⇒問1
ルール47 解法 内容真偽問題は「解答へのステップ」で解く！⇒問5

解答

問1 ④　問2 ④　問3 ②　問4 ②　問5 ①

問6 (例)第一に、貨幣の受け手となる他者が存在すること、第二に、その他者に対してさらに他者が存在していること。（50字）

問7 (例)自己は、ただ他者が貨幣を欲求するがゆえに、貨幣を欲求するという事情。（34字）

本文解説

出典：大澤真幸『恋愛の不可能性について』

意味段落Ⅰ「貨幣とはシンボルによって一般化されたコミュニケーション・メディアである」

1 貨幣をまさに貨幣として可能ならしめる機制は、自然数の構造と完全な相同性をもっている。

ルール1 主題

貨幣とは、市場に登場する任意の事物（物質的・情報的・関係的な任意の資源）に対する請求権であり、まさにそのことによって、それらの事物の（市場における）価値を表現するメディアである。貨幣によって価値を表現されうる任意の事物が、潜在的・顕在的な「商品」（「商品」となりうるもの）であり、市場に参入しうる要素と見なされる。繰り返せば、このような意味での貨幣をもたらす機制は、自然数を定義するような条件と対応させて理解することができる。このことをまず説明しておこう。

2 ニクラス・ルーマンは、貨幣を「シンボルによって一般化されたコミュニケーション・メディア」の一例と見なしている。シンボルによって一般化されたコミュニケーション・メディアとは、

ルール26 列挙

第一に、提起された選択の受容と拒否の双方に開かれた状況を作りだし、その上で第二に（列挙）、受容の方に拒否よりも高い選好を配分し、受容が生起する確率を高めるような働きをもったメディアである。つまり、この種のコミュニケーション・メディアは、実現された選択（意味提案）が引き続く選択の中で肯定的に前提にされる蓋然性を高めるように作用するのだ。このよ

≫ルール1 読解 「は」で強調されている「主題」に注目する！

助詞の「は」は上にくる主題を周りから切り離し、「強調」「限定」したり、他の主題との「対立」を表したりします。「は」で強調されている主題がメインテーマとなることが多いので、注意しましょう。

「〜とは」という形はキーワードを定義するときに用います。本文のメインテーマであったり、サブテーマであったりと様々ありますが、本文の中で重要な言葉についての説明があります。

≫ルール26 読解 「数詞」や「場合分け」で列挙されているポイントを押さえる！

筆者は複数の事柄を読者にわかりやすく説明するために「数詞」などを用いてポイントを列挙します。「数詞」などに注意してポイントを整理しながら読んでいきましょう。

うな作用をもつために、各メディアには、それぞれに固有な状況の二元的なコードが対応している。それが、受容と拒否に対応する相互否定的な値によって、状況を表示するのだ。

3 【具体例 たとえば、「権力」は、シンボルによって一般化されたコミュニケーション・メディアである。ある人物がべつの人物に何かをしてほしいと依頼したとしよう。もちろん受け手は、依頼を拒否することもできる。しかし、ここに送り手から受け手への権力が作動していたとしたら、受け手が拒否する可能性は大幅に減少するだろう。権力とともに発せられた依頼は、「命令」という形態をとる。権力に相関したコードは、「命令の受容／拒否」である。】

4 貨幣は、経済システムにおいて作動する、この種のメディアである。貨幣に対応したコードは、ルーマンによれば、「支払うこと／支払わないこと」の二項対立だ。だが、私の考えでは、貨幣のコードを、このように貨幣の所有者（商品の買い手）の視点から表示することは、誤りではないが、事態の本性を逸する危険性をもっている。コードは、逆の側から、つまり商品の所有者（売り手）の視点から表示される方がより適当である。この場合、【主張 コードは、「売ること（貨幣の受容）／売らないこと（貨幣の拒否）」の対立である。】

5 【譲歩 確かに、貨幣は、その所有者に支払いと非支払いの可能性を開くが、】この点にのみ着眼したのでは、貨幣が、肯定的な選択肢（支払い）の方により高い選好を配分するとは必ずしもいえないだろう。買い手は、支払いと非支払いにまったく同じ程度に接近可能であり、好ましくない商品に対して支払わなかったとしても、特に否定的な状況に直面するわけではない。そうで

「列挙」を表す表現

□一つ　□二つ　□三つ
□第一　□第二　□第三

「シンボルによって一般化されたコミュニケーション・メディア」とは

第一に、提起された選択の受容と拒否の双方に開かれた状況を作りだす

＋ その上で

第二に、受容の方に拒否よりも高い選好を配分し、受容が生起する確率を高めるような働きをもつ

「シンボルによって一般化されたコミュニケーション・メディア」の**条件**を列挙しています。

»ルール4 読解

「対立関係」（反論）を整理して「主張」や「重要な情報」をとらえる!

筆者は、ある論に対する反論という形で主張を述べることがあります。二つの対立する主張をとらえましょう。

あるとすれば、貨幣が「シンボルによって一般化されたメディア」であるという理解が、没概念化してしまう。[根拠]（この種のメディアは、肯定的な選択肢を促進する効果によって定義されていたのだから。）他方、全面的に展開した貨幣経済の中では、「売ること」を完全に拒否することは非常に困難なことである。[ルール26 列挙]第一に、貨幣経済下では、誰もが、――所有するすべてではないにせよ――何かを売り、貨幣を入手せざるをえない。[具体例]（たとえば「自由な労働者」は、「労働力」を売らざるをえない。）そして[列挙]第二に、いったん市場に投入されてしまった商品は、原則として、提示された（そして、その価値に見合った量の）貨幣を拒否することができない。つまり、[主張]【貨幣というメディアが刺激している肯定的な選択肢とは、「支払い」ではなく、「売り」なのである。】こう捉えなおすことで、ルーマンのメディア概念の含意を、より鮮明に引き出すことができる。そしてまた、ここに、貨幣の可能性を支持している機制を理解するための鍵もある。

意味段落Ⅱ「貨幣を貨幣たらしめているのは、他者の欲求である」

6 貨幣を受け取ることは、本当は、[3]危険な選択である。[根拠]（貨幣は媒介に過ぎず、欲求の最終的な対象ではないからだ。最終的なゴールは、何らかの商品――財やサーヴィス――にある。貨幣を受け取ってしまうことは、ゴールに達する前に、自身の所有物（の価値）を放棄してしまうことを意味している。もちろん、商品を買った側は、ゴールに達したのだから、もう安全で

ニクラス・ルーマン

貨幣に対応したコードは、「支払うこと／支払わないこと」の二項対立

⇔ 対立関係（反論）

筆者の主張

貨幣に対応したコードは、「売ること（貨幣の受容）／売らないこと（貨幣の拒否）」の対立

←

貨幣というメディアが刺激している肯定的な選択肢とは、「支払い」ではなく、「売り」

ある。しかし、商品を売って、貨幣を受けとった側は、ゴールに到達するために、まさに彼が欲求する財やサーヴィスを所有している他者を探し出さなくてはならない。しかも、仮にそのような他者を見出すことができたとしても、その他者が、貨幣を受け取る準備がある（売ることを受け入れる）とは限らない。貨幣が受容されることの保証は、決して、あらかじめ与えられてはいない。）

7 逆にいえば、4 人が貨幣を受容するのは、つまり自身の所有物を売るのは、［ルール13 条件A］（その貨幣を受容する（売る準備のある）他者が存在しているという信憑（しんぴょう）がある）からである（実は、この信憑には究極の根拠はないのだが）。つまり、貨幣を貨幣たらしめているのは、（その貨幣に対する）他者の欲求なのである。自己の欲求は、ここに直接的には介在する必要はない。自己は、ただ他者が貨幣を欲求するがゆえに、貨幣を欲求するのだ。つまり、自己は、他者の欲求を反復しているのである。

8 だが物語はここで完結するわけではない。Y 自己と同じ事情は、貨幣を受け取ることになる他者においても成り立っているからである。つまり、［条件B］（他者が貨幣を受け取るのは、さらに外部に、やはり貨幣を受け取ることになる他者が存在している（と信じられている））からである。したがって、貨幣の受け取りを可能にしているのは、この「他者の他者」の（貨幣に対する）欲求である。だから、ここでは、さしあたって次のような結論を得ることになろう。すなわち、貨幣を貨幣として機能させているのは、任意の貨幣の受け取り手（他者）に対して、その貨幣を

≫ルール13 読解

「ある事柄」が成立するための「条件」に注目する！

→22ページ

「人が貨幣を受容する（貨幣が機能する）」

条件A
その貨幣を受容する（売る準備のある）他者が存在しているという信憑がある

＋

条件B
貨幣を受け取る他者のさらに外部に、やはり貨幣を受け取ることになる他者が存在している（と信じられている）

←

貨幣を貨幣として機能させているのは、任意の貨幣の受け取り手（他者）に対して、その貨幣を受け取ることになる後続の他者（他者の他者）が存在していることである

受け取ることになる後続の他者（他者の他者）が存在していることである、と。このことを明示したのが、岩井克人である。

意味段落Ⅲ　「貨幣の可能性の条件は自然数の構造と同型である」

9 こうして、貨幣の可能性の条件が自然数の構造と同型（ルール10 類似）である、という最初に提起した言明の意味が、明らかになるだろう。自然数とは、単純化してしまえば、次の二つの条件を通じて定義される無限（集合）である。すなわち、（ルール26）【第一に（列挙・条件A）、「0」は自然数に含まれること】、【第二に（列挙・条件B）、nが自然数であるならば、その後続（n＋1）も自然数であること】。この二条件から、いわば「最も小さい」無限——可算無限——が構成される。ここで「自然数の集合」を「貨幣の受け手（売る準備のある者）たちの集合」に置き換えれば、いま述べてきたような貨幣の条件を得ることができる。【貨幣の受け手となる他者が存在すること】（条件A）、【その他者に対してさらに他者が存在していること】（条件B）。つまり、【貨幣を受け取るということは、自然数の無限性に対応する無限の受け手（他者）の系列を先取りしていることと等価な事態なのだ。】（主張）

≫ルール10 読解　「類似」に注目する！

二つ以上のものの似ている点を指摘するのが「類似」という形です。違いを説明する「差異」と、ちょうど反対の関係になります。

「自然数の集合」の条件

条件A 「0」は自然数に含まれる

＋

条件B nが自然数であるならば、その後続（n＋1）も自然数である

≒ **類似**

「貨幣の受け手（売る準備のある者）たちの集合」の条件

条件A 貨幣の受け手となる他者が存在する

＋

条件B その他者に対してさらに他者が存在している

読解マップ

意味段落Ⅰ　「貨幣とはシンボルによって一般化されたコミュニケーション・メディアである」（1〜5）

「シンボルによって一般化されたコミュニケーション・メディア」（＝貨幣）

条件A　提起された選択の受容と拒否の双方に開かれた状況を作りだす

＋

条件B　受容の方に拒否よりも高い選好を配分し、受容が生起する確率を高めるような働きをもつ

ニクラス・ルーマン

貨幣に対応したコードは、「支払うこと／支払わないこと」の二項対立

⇔　対立関係

筆者の主張

貨幣に対応したコードは、「売ること（貨幣の受容）／売らないこと（貨幣の拒否）」の対立

→貨幣というメディアが刺激している肯定的な選択肢とは、「支払い」ではなく、「売り」

意味段落Ⅱ　「貨幣を貨幣たらしめているのは、他者の欲求である」（6〜8）

本文要約

貨幣は「受容／拒否」の可能性のうち、「受容」の方が生起する確率が高いことで成り立っている。「貨幣の受容」の条件は、貨幣の受け手となる他者が存在すること、その他者に対してさらに他者が存在していることである。「自然数の集合」の条件も「0」は自然数に含まれること、さらにnが自然数であるならば、その後続（n＋1）も自然数であることであり、「貨幣の機制」は「自然数の構造」と共通点があると言える。

重要語句

□1機制（きせい）＝仕組み。機構

□1相同性（そうどうせい）＝形や機能が異なっても、同じ起源から発生していること

□3メディア＝中間にあるもの、間に入って媒介するもの。媒体

「人が貨幣を受容する（貨幣が機能する）」

条件A　その貨幣を受容する（売る準備のある）他者が存在しているという信憑がある

＋

条件B　貨幣を受け取る他者のさらに外部に、やはり貨幣を受け取ることになる他者が存在している（と信じられている）

←

貨幣を貨幣として機能させているのは、任意の貨幣の受け取り手（他者）に対して、その貨幣を受け取ることになる後続の他者（他者の他者）が存在していることである

意味段落Ⅲ　「貨幣の可能性の条件は自然数の構造と同型である」⑨

「自然数の集合」の条件

条件A　「0」は自然数に含まれる

＋

条件B　nが自然数であるならば、その後続（n＋1）も自然数である

≒　**類似**

「貨幣の受け手（売る準備のある者）たちの集合」の条件

条件A　貨幣の受け手となる他者が存在する

＋

条件B　その他者に対してさらに他者が存在している

□4 潜在（せんざい）＝外からは見えず、内にひそかにかくれて存在すること

□4 顕在（けんざい）＝はっきり見えるように存在すること

□8 シンボル＝象徴。わかりにくいものを、はっきりした形で表した目印

□11 選好（せんこう）＝選択肢の中から好みで選ぶこと

□13 蓋然性（がいぜんせい）＝ものごとの確からしさ

□14 コード＝符号や略号、暗号

□31 没（ぼっ）〜化（か）＝〜がなくなってしまうこと

□52 信憑（しんぴょう）＝信用してよりどころとすること

問1 傍線部理由説明問題 難易度★

ルール43 解法 傍線部理由説明問題は「解答へのステップ」で解く！

傍線部理由説明問題の解答へのステップ

ステップ1 傍線部を含む一文を分析する
「主語（部）」や「指示語」を押さえ、「前提（条件）」と「帰結（結論）」を確かめます。

ステップ2 解答の根拠をとらえる
ステップ1で押さえた「前提（条件）」と「帰結（結論）」の間の「飛躍」を埋めるため、「前提」の詳しい説明を探します。

ステップ3 解答を決定する
ステップ2でとらえた根拠をもとに解答を決めます。

傍線部理由説明問題とは「なぜか」の問題です。傍線部を含む一文に「前提（条件）」と「帰結（結論）」の飛躍があるので、「前提」の説明をすることによって、その「飛躍」を埋めるのがポイントです。

たとえば、「現代文を解くのは、簡単だ」という文は「現代文を解く（前提）」と「簡単だ（帰結）」の間に飛躍があります。そこで、「現代文を解く（前提）」を「現代文は文章に書いてあることをそのまま答えるだけで、解くことができる」と詳しく説明することによって「飛躍」を埋めることができます。

ステップ1 傍線部を含む一文を分析する

たとえば、〈「権力」は〉（主語）、シンボルによって一般化されたコミュニケーション・メディアである。[1]

「権力」と「シンボルによって一般化されたコミュニケーション・メディアである」という部分との「飛躍」を埋める説明を求めましょう。

ステップ2 解答の根拠をとらえる

3 （たとえば、〈「権力」は〉、シンボルによって一般化されたコミュニケーション・メディアである。[1] ある人物がべつの人物に何かをしてほしいと依頼したとしよう。もちろん受け手は、依頼を拒否することもできる。しかし、ここに送り手から受け手への権力が作動していたとしたら、受け手が拒否する可能性は大幅に減少するだろう。権力とともに発せられた依頼は、「命令」という形態をとる。権力に相関したコードは、「命令の受容／拒否」である。）

「**読解マップ**」で整理したように、「シンボルによって一般化されたコミュニケーション・メディア」には二つの条件がありました。

条件A　提起された選択の受容と拒否の双方に開かれた状況を作りだす
条件B　受容の方に拒否よりも高い選好を配分し、受容が生起する確率を高めるような働きをもつ

「権力」にもこの二つの条件が成立しています。

条件A　「命令の受容／拒否」の双方に開かれた状況を作りだす
条件B　送り手から受け手への権力が作動していたとしたら、受け手が拒否する可能性は大幅に減少する

ですから、「権力」は「シンボルによって一般化されたコミュニケーション・メディア」なのです。

ステップ3　解答を決定する

以上より、解答は④「人がある命令を他者に発したときに、権力はその命令に対する反応として、受容か拒否かの選択のうち、受容という選択が実現する確率を高めるように働きかけるから。」となります。

①は「権力は有無を言わせずに命令が受容されるように人に働きかける作用を有する」、②は「その上で命令する側とされる側のあいだにいっそうコミュニケーションが生起する可能性を高める」が条件Bと異なるため、誤りです。

③は「権力は言語を介したコミュニケーションによって人の意識に働きかける」が条件Aと異なるため、誤りです。

問2　傍線部内容説明問題　難易度★

ルール41→18ページ

ステップ1　傍線部を含む一文を分析する

2 〈貨幣は〉（主語）、経済システムにおいて作動する、[この]種のメディアである。

「この」という指示語の指示内容をとらえた上で、筆者の考える「貨幣」の「定義」を求めましょう。

ステップ2　解答の根拠をとらえる

「この種のメディア」とは[2]段落にある「シンボルによって一般化されたコミュニケーション・メディア」のことです。**問1**で確認した条件を押さえておきましょう。

そして、[4]段落から[5]段落にかけて「貨幣」に関する筆者の考えが述べられています。

[4] ……貨幣に対応したコードは、……私の考えでは、……「売ること（貨幣の受容）／売らないこと（貨幣の拒否）」の対立である。

[5] [確かに]、貨幣は、その所有者に支払いと非支払いの可能性を開く[が]、……貨幣が、肯定的な選択肢（支払い）の方により高い選好を配分するとは必ずしもいえないだろう。買い手は、支払いと非支払いにまったく同じ程度に接近可能であり、好ましくない商品に対して支払わなかったとしても、特に否定的な状況に直面するわけではない。……[つまり]、貨幣というメディアが刺激してい

る肯定的な選択肢とは、「支払い」ではなく、「売り」なのである……。

この部分を根拠に解答を選びましょう。

ステップ3 解答を決定する

以上より、解答は④「たとえ人はある商品に対して非支払いという選択肢を選びとったとしても、否定的な状況に置かれるとは言えない。」となります。「好ましくない商品に対して支払わなかったとしても、特に否定的な状況に直面するわけではない」に一致します。

①は「非支払いという選択肢よりも、支払いという選択肢を選ばせる」が「買い手は、支払いと非支払いにまったく同じ程度に接近可能」に反するので、誤りです。

②は「売ること／売らないこと」について「とくにそのどちらかの選択肢を選ぶように促進する作用を有していない」が、「貨幣というメディアが刺激している肯定的な選択肢とは……『売り』なのである」に反するので、誤りです。

③は「非支払いという選択を不可能にする」が「貨幣は、その所有者に支払いと非支払いの可能性を開く」に反するので、誤りです。

問3 傍線部理由説明問題 難易度★★ ≫ルール43→32ページ

ステップ1 傍線部を含む一文を分析する

〈貨幣を受け取ることは〉（主部）、本当は、危険な選択である。

「貨幣を受け取ること」と「危険な選択」との間に「飛躍」があります。「飛躍」を埋める説明を求めましょう。

ステップ2 解答の根拠をとらえる

6 〈貨幣を受け取ることは〉、本当は、危険な選択である。（根拠）（貨幣は媒介に過ぎず、欲求の最終的な対象ではないからだ。最終的なゴールは、何らかの商品——財やサーヴィス——にある。貨幣を受け取ってしまうことは、ゴールに達する前に、自身の所有物（の価値）を放棄してしまうことを意味している。もちろん、商品を買った側は、ゴールに達したのだから、もう安全である。しかし、商品を売って、貨幣を受けとった側は、ゴールに到達するために、まさに彼が欲求する財やサーヴィスを所有している他者を探し出さなくてはならない。しかも、仮にそのような他者を見出すことができたとしても、その他者が、貨幣を受け取る準備がある（売ることを受け入れる）とは限らない。貨幣が受容されることの保証は、決して、あらかじめ与えられてはいない。）

6段落の内容を整理すると次のようになります。

根拠A　貨幣を受けとった側は、自分が欲求する財やサーヴィスを所有している他者を探し出さなくてはならない

＋

根拠B　その他者が売ることを受け入れるとは限らない

←

自分が欲しているいる財やサーヴィスを手に入れるというゴールに到達することが保証されていない

←

貨幣を受け取ることは、危険な選択である

ステップ3　解答を決定する

以上より、解答は②「欲求する財やサーヴィスを持つ存在を見つけたとしても、その人がそれを売り渡すことを拒絶する可能性があるから。」となります。**根拠AとB**をふまえた選択肢はこれです。

①は「貨幣それ自体が自身の欲求する財やサーヴィスであるかのように認識するという変化が起きる可能性がある」が誤りです。「貨幣」は「媒介」であり、最終的なゴールである「財やサーヴィス」ではありませんが、貨幣を受け取ることによってそのような誤った認識が生まれるとは述べられていません。

③は「貨幣の価値が将来的に低下することがあり」が、④は全文が本文にない記述であるため、誤りです。

問4　傍線部内容説明問題　難易度★★　≫ルール41→18ページ

ステップ1　傍線部を含む一文を分析する

[逆にいえば]、〈[4]人が貨幣を受容するのは、[つまり]自身の所有物を売るのは〉、その貨幣を受容する（売る準備のある）他者が存在しているという信憑（しんぴょう）が[からである]（実は、この信憑には究極の根拠はないのだが）。

（主部）

述部が傍線部の「理由」になっています。この「理由」を押さえた上で、傍線部の行為を成り立たせる「条件」を探しましょう。

ステップ2　解答の根拠をとらえる

7 ……（実は、この信憑には究極の根拠はないのだが）。[つまり]、貨幣を貨幣たらしめているのは、（その貨幣に対する）他者の欲求なのである。自己の欲求は、ここに直接的には介在する必要はない。自己は、ただ他者が貨幣を欲求するがゆえに、貨幣を欲求するのだ。[つまり]、自己は、他者の欲求を反復しているのである。

傍線部を含む一文に続けて、「つまり」を使って言い換えて説明しています。「貨幣を貨幣たらしめているのは、（その貨幣に対する）他者の欲求なのである」という部分が「人が貨幣を受容する」条件となっています。

自身の所有物である貨幣に対する他者の欲求の存在が、貨幣を貨幣たらしめる

←

「人が貨幣を受容する」という行為を成り立たせる

ステップ3　解答を決定する

以上より、解答は②「自分が手にする貨幣を入手したいと思う別の人が存在することが貨幣を貨幣たらしめている。」となります。

①は「貨幣によって商品を購入したいという人々の欲求」、③は「魅力的な商品を所有したいという他者の欲求」が、「貨幣に対する欲求」でないため、誤りです。

④は「自己の所有物の買い手を見つけたいと思う人々がいること」が「貨幣に対する欲求」のように見えますが、「自己は、他者の欲求を反復している」に合わないため、誤りです。

問5　内容真偽問題　難易度★

ルール47　内容真偽問題は「解答へのステップ」で解く！　解法

内容真偽問題の解答へのステップ

ステップ1　本文を通読し、意味段落分けをする

意味段落に分けることによって、選択肢吟味の際に選択肢に関連する部分とそのまとまりが見つかりやすくなります。

ステップ2　選択肢を分析する

「主語（部）」や「指示語」、「接続表現」などを押さえます。

ステップ3　解答の根拠をとらえる

ステップ2で分析した内容を手がかりに本文の対応する箇所を探し、内容が一致しているか確かめます。

ステップ4　解答を決定する

ステップ3でとらえた根拠をもとに解答を決めます。

ステップ1　本文を通読し、意味段落分けをする

「**本文解説**」参照

ステップ2　選択肢を分析する（①）

①〈ルーマンは〉(主語)貨幣を「シンボルによって一般化されたコミュニケーション・メディア」と見なし、貨幣に対応したコードを商品の買い手の視点から捉えている。

ステップ3　解答の根拠をとらえる（①）

「ルーマン」の考え方に関する説明は、意味段落Ⅰにあります。

[2] 〈ニクラス・ルーマンは〉、貨幣を「シンボルによって一般化されたコミュニケーション・メディア」の一例と見なしている。……

……

[4] ……貨幣に対応したコードは、ルーマンによれば、「支払うこと／支払わないこと」の二項対立だ。……このように貨幣の所有者（商品の買い手）の視点から表示することは……

①は本文に合致します。

ステップ2　選択肢を分析する（②）

②　全面的に展開した貨幣経済の中では、誰もが貨幣を入手せざるをえず、〈貨幣が〉（主語）欲求の最終的な対象になる。

ステップ3　解答の根拠をとらえる（②）

「欲求の最終的な対象」に関する説明は、意味段落Ⅱにあります。

[6] ……〈貨幣は〉媒介に過ぎず、欲求の最終的な対象ではない……

②は本文に合致しません。

ステップ2　選択肢を分析する（③）

③　貨幣経済が浸透した状況下においては、好ましくない商品に貨幣を支払わなかったら否定的な状況に直面することがある。

ステップ3　解答の根拠をとらえる（③）

「好ましくない商品への支払い」に関する説明は、意味段落Ⅰにあります。

[5] ……買い手は、支払いと非支払いにまったく同じ程度に接近可能であり、好ましくない商品に対して支払わなかったとしても、特に否定的な状況に直面するわけではない。……

③は本文に合致しません。

ステップ2　選択肢を分析する（④）

④　〈貨幣の受け取りを可能にしているのは〉（主部）、自己が欲する財やサーヴィスを「他者の他者」も欲するという信憑である。

ステップ3　解答の根拠をとらえる（④）

「貨幣の受け取り」に関する説明は、意味段落Ⅱにあります。

[7] ……〈人が貨幣を受容するのは〉、……その貨幣を受容する（売る準備のある）他者が存在しているという信憑（しんぴょう）があるからである

……つまり、貨幣を貨幣たらしめているのは、（その貨幣に対する）他者の欲求なのである。……

「財やサーヴィスを『他者の他者』も欲する」ではなく、「貨幣を他者も欲する」ことが貨幣の受け取りを可能にしています。④は本文に合致しません。

ステップ4 解答を決定する

以上より、解答は①となります。

問6 傍線部内容説明問題 難易度★★

≫ルール41→18ページ
≫記述ルール→7ページ

記述問題は、問われている内容に合う「解答へのステップ」を利用して解いていきましょう。

ステップ1 傍線部を含む一文を分析する

X 主部〈貨幣をまさに貨幣として可能ならしめる機制は〉、自然数の構造と完全な[相同性]をもっている。

「相同性」とは「形や機能が異なっても、同じ起源から発生していること」で、ここでは「貨幣」と「自然数」の「類似」を表すために比喩的に使われています。「自然数の構造」との「類似」を指摘している部分をとらえましょう。

ステップ2 解答の根拠をとらえる

9 [こうして]、貨幣の可能性の[条件]が自然数の構造と[同型]である、という最初に提起した言明の意味が、明らかになるだろう。自然数とは、単純化してしまえば、次の二つの[条件]を通じて定義される無限（集合）である。[すなわち]、[第一に]、「0」は自然数に含まれること、[第二に]、nが自然数であるならば、その後続（n＋1）も自然数であること。この二条件から、いわば「最も小さい」無限――可算無限――が構成される。ここで「自然数の集合」を「貨幣の受け手（売る準備のある者）たちの集合」に置き換えれば、いま述べてきたような貨幣の[条件]を得ることができる。貨幣の受け手となる他者が存在すること、その他者に対してさらに他者が存在していること。[つまり]、貨幣を受け取るということは、自然数の無限性に対応する無限の受け手（他者）の系列を先取りしていることと等価な事態なのだ。

9段落で「貨幣をまさに貨幣として可能ならしめる機制」と「自然数の構造」の共通点を述べています。この共通点をまとめると次のようになります。

「自然数の集合」の条件

条件A 「0」は自然数に含まれること

＋

条件B nが自然数であるならば、その後続（n＋1）も自然数で

あること

≒ 類似

「貨幣の受け手（売る準備のある者）たちの集合」の条件

条件A　貨幣の受け手となる他者が存在すること

＋

条件B　その他者に対してさらに他者が存在していること

今回は「貨幣の条件」を問われているので、その部分を中心としてまとめましょう。

ステップ3　解答を決定する

以上より、解答例は「第一に、貨幣の受け手となる他者が存在すること、第二に、その他者に対してさらに他者が存在していること。」（50字）となります。

問7　傍線部内容説明問題　難易度★★

≫ルール41→18ページ
≫記述ルール→7ページ

ステップ1　傍線部を含む一文を分析する

Y 自己と同じ事情は、貨幣を受け取ることになる他者においても成り立っているからである。

「自己」と「他者」の「類似」を指摘する文になっています。「類似点」に注意しながら「事情」の説明を求めましょう。

ステップ2　解答の根拠をとらえる

7 逆にいえば、〈人が貨幣を受容するのは、つまり自身の所有物を売るのは〉、その貨幣を受容する（売る準備のある）他者が存在しているという信憑（しんぴょう）があるからである……自己の欲求は、ここに直接的には介在する必要はない。自己は、ただ他者が貨幣を欲求するがゆえに、貨幣を欲求するのだ。つまり、自己は、他者の欲求を反復しているのである。

8 だが物語はここで完結するわけではない。（Y根拠 自己と同じ事情は、貨幣を受け取ることになる他者においても成り立っているからである。つまり、他者が貨幣を受け取るのは、さらに外部に、やはり貨幣を受け取ることになる他者が存在している（と信じられている）からである。）……

7段落と8段落を見ると「自己」が「貨幣を欲求する理由」と「他者」が「貨幣を受け取る理由」が類似していることがわかります。そのポイントをまとめると次のようになります。

自己は、ただ他者が貨幣を欲求するがゆえに、貨幣を欲求する

≒ 類似

他者も、さらに外部に貨幣を受け取ることになる他者が存在しているがゆえに、貨幣を受け取る

今回は「自己の事情」を問われているので、その部分を中心としてまとめましょう。

ステップ3　解答を決定する

以上より、解答例は「自己は、ただ他者が貨幣を欲求するがゆえに、貨幣を欲求するという事情。」（34字）となります。

Lesson 3

解答・解説

▼問題 別冊 19ページ

このレッスンで出てくるルール

ルール22 読解 「引用」は「筆者の主張」とセットでとらえる！

ルール4 読解 「対立関係」を整理して「主張」や「重要な情報」をとらえる！

ルール9 読解 「並列関係」は並べる事柄とその対応を整理する！

ルール44 解法 空所補充問題は「解答へのステップ」で解く！ ⇒問1

ルール13 読解 「ある事柄」が成立するための「条件」に注目する！ ⇒問3

ルール48 解法 キーワード説明問題は「解答へのステップ」で解く！ ⇒問4

解答

問1 x ② y ①　問2 ②

問3 ③　問4 ⑤　問5 ①・④

本文解説

出典：中島義道『明るいニヒリズム』

意味段落Ⅰ　「『負の能力』こそ哲学する能力」

1 武井麻子の『感情と看護』は優れた看護の本だが、その最後の部分で「負の能力」という概念を紹介している。

ルール22 引用

（多くの精神療法家が好んで引用する言葉に、キーツの詩に出てくる「負の能力」という言葉があります。負の能力**とは**、「不確かさ、不思議さ、疑いのなかにあって、早く事実や理由を摑もうとせず、そこに居続けられる能力」のことです。もともとは詩人にとって不可欠の能力としてキーツが語ったものですが、精神療法家にも同じ能力が必要だというのです。何かができる能力でなく、何もできない無力感や空しさに耐える能力のことです。（土居健郎『新訂　方法としての面接』））

主張

2 まさに、【この「負の能力」こそ、哲学する能力と言っていい。】「不確かさ、不思議さ、疑いのなかに……居続けられる能力」は、一見消極的態度に見えるが、そうではなく、何ごともごまかさずに見てみれば、考えてみれば、感じてみれば、不確かで不思議なことばかりである。で

ルール22 読解
「引用」は「筆者の主張」とセットでとらえる！

筆者の主張を印象付けるために他者の文章を「引用」することがあります。「引用」の後にある「筆者の主張」とセットでとらえましょう。

引用（武井麻子の『感情と看護』）
負の能力とは、「不確かさ、不思議さ、疑いのなかにあって、早く事実や理由を摑もうとせず、そこに居続けられる能力」のことです

←

筆者の主張
この「負の能力」こそ、哲学する能力と言っていい

も、日常生活においては、とにかくいま起こった事態を何らかの仕方で処理し結果を出さねばならず、「そこに居続ける」ことはほぼ禁じられる。

3 哲学者という人種が何らかの存在意味を持ちうるとすれば、ほとんどの人がこうして首をかしげながらも絶え間なく次へ次へと進んでいく中で、そうすることを拒否し、「私が死後無に帰するのなら、私の人生に何の価値もない」という言葉が示す場所に居続けることだ、二〇歳のころ私はそう思った。

意味段落Ⅱ 「哲学者と科学者の違い」

4 しかも、哲学者はあらゆる科学者とは区別される。科学者とは、いかなる対象にかかわろうと、やはり「客観的なもの」にかかわっている。その最たるものが、客観的世界である。それは、私の存在とは関係なく存在していて、いや私をその微小な一部として取り込む広大な世界である。それは、時間的には一五〇億年以上も続いた世界であり、空間的には五〇億光年を超えて広がる世界である。

ルール4

5 この世界のうちに、私は自分の意志ではなしに生まれさせられ、もうじき死んでいくのだ。そして、私が死んだあともこの広大な世界はどこまでも存在し続けるのだ。

6 私は、長くこうした宇宙論的図式のうちにいて、その X 苦しみ続けてきた。こうした大枠のもとに私が生きるのだとしたら、いかによく生きても虚しいからだ。だから、私はこの

ルール4 読解 「対立関係」を整理して「主張」や「重要な情報」をとらえる！

→10ページ

「科学者」
客観的世界にかかわっている
・私をその微小な一部として取り込む広大な世界
・私が死んだあともどこまでも存在し続ける世界

⇔ 対立関係

「哲学者」
客観的世界と私の関係＝宇宙論的・客観的図式を破壊する

宇宙論的図式をはじめこの世界についてのさまざまな客観的知識を（得るためにではなくて）むしろ捨てるために、それが虚構とわかる新たな図式を見いだすために哲学を志した。

7 哲学を続けるうちに、この甲宇宙論的・客観的図式こそ、最も手ごわいように見えて、そのじつ最も脆(もろ)い図式なのだということが次第にわかってきた。それは、「哲学の力」で破壊することができる。そう予感し、少なくともこの図式が消滅するなら、死ぬのはそれほどの恐怖ではなくなり、生きるのはずいぶんラクになるだろう、［ A ］。

意味段落Ⅲ 「『負の能力』を鍛え上げる」

8 しかし、客観的世界がまやかしであるという了解は「頭で」わかっただけではだめなのだ。身体全体で了解しなければならないのである。しかも、負の能力を鍛え上げることによって。

9 負の能力を伸ばすのは大変である。（なぜなら、世の中ではすべて（負ではなくて）「正」の能力を開発することが期待されているのだから。）ほとんどの人は、「存在」や「時間」や「自由」や「偶然」や「因果律」や「私」や「善」など、世界の秘密について気になりながらも、それにかまけることのないまま、ある日ふっと息を引き取る。

10 でも、何かの折に（失恋したり、愛する人を亡くしたりして）、生きていることが耐え難くなり、「一体自分の生きている世界とは何だろう？」と心の底から疑問に思って周囲を見回したとたん、これまで理解していたかのように思い込んでいたこれらの［ y ］は、じつは果てしな

≫ルール9 読解
「並列関係」は並べる事柄とその対応を整理する！

「並列関係」にある事柄は「反対のもの」である場合もあれば、「似たようなもの」である場合もあります。まずは何と何が「並列関係」になっているのかをとらえましょう。

「並列関係」を表す表現

①「並列・累加・添加」の接続表現
□また □かつ □なお
□及び □さらに □しかも
□その上 □加えて

②「並列・累加・添加」のフレーム
□Aだけでなく／のみならずBも（また）
□Aつつ／ながら／と同時に／とともにB

「客観的世界がまやかしであるという了解」
A：頭でわかった
― 並列関係（だけではだめ）
B：身体全体で了解しなければならない

い不確実さ、不思議さのうちにあることを悟る。

11 いままで自分を苦しめてきた事柄のほとんどは、「こうだ」と決めてかかったことに基づいていた。どうもそのすべてが朝靄（もや）のようにとりとめもないものであるらしい、これを全身で実感するとき、彼（女）はほっと救われるような気がする。

12 しかし、ほとんどの人は（心の傷が癒されふっと幸福を感じることがあり）油断するとここで留まってしまい、また普通の世界に戻っていくのだ。

読解マップ

意味段落Ⅰ 「『負の能力』こそ哲学する能力」 〔1〕〜〔3〕

負の能力とは、「不確かさ、不思議さ、疑いのなかにあって、早く事実や理由を摑もうとせず、そこに居続けられる能力」のこと

←

この「負の能力」こそ、哲学する能力と言っていい

←

哲学者の存在意味は、「私が死後無に帰するのなら、私の人生に何の価値もない」という言葉が示す場所に居続けること

意味段落Ⅱ 「哲学者と科学者の違い」 〔4〕〜〔7〕

「科学者」

客観的世界にかかわっている

・私をその微小な一部として取り込む広大な世界

・私が死んだあともどこまでも存在し続ける世界

⇔ **対立関係**

「哲学者」

客観的世界と私の関係＝宇宙論的・客観的図式を破壊する

本文要約

「負の能力」とは「不確かさ、不思議さ、疑いのなかにあって、早く事実や理由を摑もうとせず、そこに居続けられる能力」のことだが、この「負の能力」こそ、哲学する能力である。科学者は「私」を微小な一部として取り込む客観的世界にかかわるが、哲学者はその客観的図式を破壊する。世界に対して心の底から疑問に思って周囲を見回すと、自分を苦しめてきた事柄のほとんどは、不確実さのうちにあると、全身で実感する。

重要語句

□21客観的（きゃっかんてき）＝主観や主体を離れて、独立の存在であるさま（哲学）

□30虚構（きょこう）＝事実でないことを、本当のことのように作り上げること

□35まやかし＝だますこと。にせもの

意味段落Ⅲ「『負の能力』を鍛え上げる」（8～12）

客観的世界がまやかしであるという了解は、負の能力を鍛え上げることによって、身体全体で了解しなければならない

↓

負の能力を伸ばすことは世の中で期待されることではないため、大変である

↓

何かの折に、生きていることが耐え難くなり、「一体自分の生きている世界とは何だろう？」と心の底から疑問に思って周囲を見回す

↓

いままで自分を苦しめてきた事柄のほとんどは、果てしない不確実さ、不思議さのうちにある

↓

全身で実感するとき、救われるような気がする

□39 因果律（いんがりつ）＝全てのものはある原因から生じた結果であり、原因がなくては何も生じないという法則（哲学）

問1 空所補充問題 難易度★

≫ルール44 解法 空所補充問題は「解答へのステップ」で解く！

空所補充問題の解答へのステップ

ステップ1 空所を含む一文を分析する

空所を含む一文の「主語（部）」や「指示語」、「接続表現」などを押さえます。

ステップ2 解答の根拠をとらえる

ステップ1で分析した内容を手がかりに本文を読み取ります。「主語（部）」について説明している部分や、「指示語」の指示対象、「接続表現」でつながっている部分を確かめましょう。それらを根拠として空所に入る内容を判断することができます。

ステップ3 解答を決定する

ステップ2でとらえた根拠をもとに解答を決めます。

ステップ1 空所を含む一文を分析する（X）

〈私は〉（主語）、長く[こうした]宇宙論的図式のうちにいて、[その][X]苦しみ続けてきた。

「その」という指示語の指示対象は「こうした宇宙論的図式」となっています。「こうした」の指示対象をとらえましょう。

≫ルール62 解法 発展 「二重の指示語」があったら、さらに指示対象を探す！

指示語の指示対象が別の指示語を含む「二重の指示語」が出てきたら、さらに指示対象を探します。

ステップ2 解答の根拠をとらえる（X）

5 この世界のうちに、私は自分の意志ではなしに生まれさせられ、もうじき死んでいくのだ。[そして]、私が死んだあともこの広大な世界はどこまでも存在し続けるのだ。

6 私は、長く[こうした]宇宙論的図式のうちにいて、[その][X]苦しみ続けてきた。[こうした]大枠のもとに私が生きるのだとしたら、いかによく生きても虚しい[からだ]。……

「こうした宇宙論的図式」は前の5段落の内容を指します。また、「こうした大枠」のもとに生きるのは「虚しい」という部分も解答の根拠となります。

「宇宙論的図式」

私は自分の意志ではなしに生まれさせられ、もうじき死んでいく
私が死んだあともこの広大な世界はどこまでも存在し続ける
↓
いかによく生きても虚しい、苦しみ続ける

ステップ3 解答を決定する（x）

以上より、解答は②「不条理に」となります。「不条理」とは実存主義哲学において「人生に何の意義も見いだせない人間存在の絶望的状況」のことで5段落の内容に合い、「虚しい」にもつながります。

①「合理性に」は5段落の内容に合いません。③「非情さに」は「宇宙論的図式」にはそもそも情を求めることはないので、誤りです。④「哀しさに」や⑤「愚かしさに」は「虚しい」＝「空っぽ」とは異なります。

ステップ1 空所を含む一文を分析する（y）

でも、何かの折に（失恋したり、愛する人を亡くしたりして）、生きていることが耐え難くなり、「一体自分の生きている世界とは何だろう？」と心の底から疑問に思って周囲を見回したとたん、これまで理解していたかのように思い込んでいたこれらの［y］は、じつは果てしない不確実さ、不思議さのうちにあることを悟る。

「これらの」という指示語の指示対象をとらえましょう。「これら」なので指示対象が複数あることもヒントになります。

ステップ2 解答の根拠をとらえる（y）

9 負の能力を伸ばすのは大変である。なぜなら、世の中ではすべて（負ではなくて）「正」の能力を開発することが期待されているのだから。ほとんどの人は、「存在」や「時間」や「自由」や「偶然」や「因果律」や「私」や「善」など、世界の秘密について気になりながらも、それにかまけることのないまま、ある日ふっと息を引き取る。

10 でも、何かの折に……

「これらの［y］」とは『存在』や『時間』や『自由』や『偶然』や『因果律』や『私』や『善』などという内容になります。

ステップ3 解答を決定する（y）

以上より、解答は①「概念」となります。「概念」とは「あるものごとがどういうことかを言葉で示したもの」のことです。「『存在』や『時間』や『自由』や『偶然』や『因果律』や『私』や『善』など」という具体例を抽象化してまとめると「概念」になります。

②「疑念」は「疑問に思うこと」、④「事実」は「実際にあったこと」、⑤「仮定」は「仮に定めたこと」なので、誤りです。

③「正義」は「善」と近いものですが、他の言葉には当てはまらないので、誤りです。

問2 傍線部内容説明問題 難易度★★

≫ルール41→18ページ

ステップ1 傍線部を含む一文を分析する

哲学を続けるうちに、この宇宙論的・客観的図式こそ、最も手ごわいように見えて、そのじつ最も脆い図式なのだということが次第にわかってきた。

「この」という指示語があり、また、「宇宙論的・客観的図式」は筆者の「個人言語」だとわかります。指示語の指示対象と、「個人言語」の説明を求めましょう。

ステップ2 解答の根拠をとらえる

4 しかも、哲学者はあらゆる科学者とは区別される。科学者とは、いかなる対象にかかわろうと、やはり「客観的なもの」にかかわっている。その最たるものが、客観的世界である。それは、私の存在とは関係なく存在していて、いや私をその微小な一部として取り込む広大な世界である。それは、時間的には一五〇億年以上も続いた世界であり、空間的には五〇億光年を超えて広がる世界である。

5 この世界のうちに、私は自分の意志ではなしに生まれさせられ、もうじき死んでいくのだ。そして、私が死んだあともこの広大な世界はどこまでも存在し続けるのだ。

6 私は、長くこうした宇宙論的図式のうちにいて、その X （不条理に）苦しみ続けてきた。こうした大枠のもとに私が生きるのだとしたら、いかによく生きても虚しいからだ。だから、私はこの宇宙論的図式をはじめこの世界についてのさまざまな客観的知識を（得るためにではなくて）むしろ捨てるために、それが虚構とわかる新たな図式を見いだすために哲学を志した。

7 哲学を続けるうちに、この宇宙論的・客観的図式こそ、最も手ごわいように見えて、そのじつ最も脆い図式なのだということが次第にわかってきた。それは、「哲学の力」で破壊することができる。……

「この宇宙論的・客観的図式」の指示対象を求めると、前の6段落にも「こうした宇宙論的図式」とあります。「こうした宇宙論的図式」は、問1で5段落の内容を指すことを確かめました。「客観的図式」については4段落に説明されています。

「宇宙論的・客観的図式」
私をその微小な一部として取り込む時間的にも空間的にも広大な世界が、私を自分の意志でなく生まれさせ、私が死んだあともどこまでも存在し続けるという図式

「宇宙論的・客観的図式」は「科学者」の考える図式であることも押さえておきましょう。

ステップ3 解答を決定する

以上より、解答は②「科学者の宇宙論と哲学者の宇宙論は厳密に分けられず、相互に補完しあうと考えている。」となります。著者の考えと「合致しないもの」を選ぶことに注意しましょう。

[6]段落で筆者は「宇宙論的図式をはじめ……客観的知識を……捨てるために、それが虚構とわかる新たな図式を見いだすために哲学を志した」と述べています。[7]段落の「それ（＝宇宙論的・客観的図式）は、『哲学の力』で破壊することができる」からも、「科学者の宇宙論と哲学者の宇宙論」が「相互に補完しあう」とは考えていません。

①は[7]段落の内容と合致します。

③は、「科学的に見える」は[4]段落が、「騙されやすい図式」は[6]段落の「虚構」、[7]段落の「手ごわいように見えて」がヒントになります。

④は[6]段落の「それ（＝宇宙論的・客観的図式）が虚構とわかる新たな図式を見いだすために哲学を志した」と合致します。

⑤は[4]段落の「私をその微小な一部として取り込む広大な世界」と合致します。

問3 空所補充問題 難易度★★

≫ルール44→50ページ

ステップ1 空所を含む一文を分析する

そう予感し、少なくともこの図式が消滅するなら、死ぬのはそれほどの恐怖ではなくなり、生きるのはずいぶんラクになるだろう、[　A　]。

「少なくともこの図式が消滅するなら」という部分が条件になっています。「この図式」の指示対象に注意しながら、条件の帰結を考えましょう。

ステップ2 解答の根拠をとらえる

[6] 私は、長くこうした宇宙論的図式のうちにいて、その[　X　]（不条理に）苦しみ続けてきた。こうした大枠のもとに私が生きるのだとしたら、いかによく生きても虚しいからだ。……

「この図式」は **問2** でとらえた「宇宙論的・客観的図式」のことです。[6]段落で「こうした大枠のもとに私が生きるのだとしたら」という条件では「いかによく生きても虚しい」とあったので、「この図式が消滅するなら」生きるのが虚しくなくなるのではないかと考えられます。

≫ルール13 読解 「ある事柄」が成立するための「条件」に注目する！

→22ページ

条件 こうした大枠（図式）のもとに私が生きるのだとしたら、帰結 いかによく生きても虚しい

⇔ 対立関係

条件 この図式が消滅するなら、帰結 生きるのが虚しくなくなるのではないか

ステップ3 解答を決定する

以上より、解答は③「虚しさにがんじがらめになって生きることだけは避けられるように思われた」となります。「生きるのが虚しくなくなる」という内容になっているのはこの選択肢です。

①、②、④は「生きるのが虚しくなくなる」という内容になっていないので、誤りです。

⑤「虚しさを原動力として生き続けていける」は「生きるのが虚しくなくなる」とは反対なので、誤りです。

問4 キーワード説明問題 難易度★

ルール48 解法 キーワード説明問題は「解答へのステップ」で解く！

キーワード説明問題の解答へのステップ

ステップ1 解答の根拠をとらえる

問われているキーワードについて説明している部分を探します。

ステップ2 解答を決定する

ステップ1 でとらえた根拠をもとに解答を決めます。

ステップ1 解答の根拠をとらえる

設問で問われている「負の能力」を「キーワード」として、その説明を探しましょう。1段落で説明されています。

1 武井麻子の『感情と看護』は優れた看護の本だが、その最後の部分で「負の能力」という概念を紹介している。

（引用）多くの精神療法家が好んで引用する言葉に、キーツの詩に出てくる「負の能力」という言葉があります。負の能力とは、「不確かさ、不思議さ、疑いのなかにあって、早く事実や理由を摑もうとせず、そこに居続けられる能力」のことです。……何かができる能力でなく、何もできない無力感や空しさに耐える能力のことです。（土居健郎『新訂　方法としての面接』）

「負の能力」
＝「不確かさ、不思議さ、疑いのなかにあって、早く事実や理由を摑もうとせず、そこに居続けられる能力」

ステップ2 解答を決定する

以上より、解答は⑤「日常生活における懐疑や心許ない感覚に対して、早急に解決しようとせず疑問として抱え続ける能力」となります。

①は「むしろ自分の実感を優先」が誤りです。そのような記述は本文中にありません。

②は「客観的知識をもって世界を洞察する」が誤りです。「客観的知識」は「事実や理由」に相当します。

③は「一般の人間にはとうてい持つことが不可能」が誤りです。[2]段落に「日常生活においては、……『そこに居続ける』ことはほぼ禁じられる」とありますが、「負の能力」を持つことが「不可能」とまでは言えません。

④「消極的に生きることをあえて選択する」が誤りです。[2]段落で「一見消極的態度に見えるが、そうではなく」と否定されています。

問5 内容真偽問題 難易度★★

≫ルール47→36ページ

ステップ1 本文を通読し、意味段落分けをする

「本文解説」参照

ステップ2 選択肢を分析する（①）

① 〈精神療法家は〉（主語）詩人と同じ能力が必要とされる。

ステップ3 解答の根拠をとらえる（①）

「精神療法家」と「詩人」の能力についての説明は意味段落Ⅰにあります。

[1] ……もともとは詩人にとって不可欠の能力としてキーツが語ったものですが、精神療法家にも同じ能力が必要だというのです。

……

①は本文に合致します。

ステップ2 選択肢を分析する（②）

② 〈ほとんどの人は〉（主部）存在や時間や自由について深く考えることをしない。

ステップ3 解答の根拠をとらえる（②）

「存在や時間や自由について」の説明は、意味段落Ⅲにあります。

[9] 負の能力を伸ばすのは大変である。なぜなら、世の中ではすべて（負ではなくて）「正」の能力を開発することが期待されているのだから。ほとんどの人は、「存在」や「時間」や「自由」や「偶然」や「因果律」や「私」や「善」など、世界の秘密について気になりながらも、それにかまけることのないまま、ある日ふっと息を引き取る。

[2]段落の「日常生活においては、……『そこに居続ける』ことはほぼ禁じられる」もふまえて考えると、ほとんどの人は「……について深く考えることをしない」というより「できない」のです。②は本文に合致しません。

ステップ2 選択肢を分析する（③）

③ 前向きに生きるためには〈負の能力が〉（主部）必要である。

ステップ3 解答の根拠をとらえる（③）

「前向きに生きる」ことに関する説明は、意味段落Ⅲにあります。

9段落から10段落にかけて、「負の能力」を伸ばすのは大変だが、失恋したり愛する人を亡くしたりして自分の生きている世界に心の底から疑問を持ったとき、「存在」や「時間」などの概念は不確実なものだと悟ると述べられています。続けて次のようにあります。

---

11 いままで自分を苦しめてきた事柄のほとんどは、「こうだ」と決めてかかったことに基づいていた。どうもそのすべてが朝靄のようにとりとめもないものであるらしい、これを全身で実感するとき、彼（女）はほっと救われるような気がする。

12 しかし、ほとんどの人は（心の傷が癒されふっと幸福を感じることがあり）油断するとここで留まってしまい、また普通の世界に戻っていくのだ。

心の傷が癒され幸福を感じる、つまり前向きに生きられるようになると、それ以上「負の能力」を伸ばすことなく「普通の世界に戻っていく」のです。③は本文に合致しません。

ステップ2 選択肢を分析する（④）

④〈哲学者の存在意義は〉（主部）負の能力を鍛えることにこそある。

ステップ3 解答の根拠をとらえる（④）

「哲学者の存在意義」に関する説明は、意味段落Ⅰにあります。

2 ……この「負の能力」こそ、哲学する能力と言っていい。……

3 哲学者という人種が何らかの存在意味を持ちうるとすれば、ほとんどの人がこうして首をかしげながらも絶え間なく次へ次へと進んでいく中で、そうすることを拒否し、「私が死後無に帰するのなら、私の人生に何の価値もない」という言葉が示す場所に居続けることだ、……

---

④は本文と合致します。

ステップ2 選択肢を分析する（⑤）

⑤〈哲学者は〉（主語）客観的世界が存在しないことを自明だと考えている。

ステップ3 解答の根拠をとらえる（⑤）

「哲学者」の考え方に関する説明は、意味段落Ⅱにあります。

---

7 ……この宇宙論的・客観的図式こそ、最も手ごわいように見えて、そのじつ最も脆い図式なのだ……それは、「哲学の力」で破壊することができる。……

「哲学者」は「客観的図式」を「破壊」するのですから、「客観的世界が存在しないことを自明だ」とは考えていません。⑤は本文に合致しません。

ステップ2 選択肢を分析する（⑥）

⑥ 〈哲学者は〉（主語）日常生活と無縁に生きている人種である。

ステップ3 解答の根拠をとらえる（⑥）

「哲学者」の条件に関する説明は、意味段落Ⅰにあります。

1 ……負の能力とは、「不確かさ、不思議さ、疑いのなかにあって、早く事実や理由を摑（つか）もうとせず、そこに居続けられる能力」のことです。……

2 ……この「負の能力」こそ、哲学する能力と言っていい。……日常生活においては、とにかくいま起こった事態を何らかの仕方で処理し結果を出さねばならず、「そこに居続ける」ことはほぼ禁じられる。

3 哲学者という人種が何らかの存在意味を持ちうるとすれば、ほとんどの人がこうして首をかしげながらも絶え間なく次へ次へと進んでいく中で、そうすることを拒否し、「私が死後無に帰するのなら、私の人生に何の価値もない」という言葉が示す場所に居続けることだ、……

日常生活では禁じられていることを、哲学者は行いますが、「日常生活と無縁」とは説明されていません。⑥は本文に合致しません。

ステップ4 解答を決定する

以上より、解答は①・④となります。解答を二つ選ぶことに注意しましょう。

Lesson 4

解答・解説

▼問題 別冊 27ページ

このレッスンで出てくるルール

ルール20 読解 「エピソード」は「筆者の心情」とセットでとらえる!
ルール4 読解 「対立関係」を整理して「主張」や「重要な情報」をとらえる!
ルール6 読解 「矛盾」に注意する!
ルール55 解法 本文に書いてあることでも、設問で問われているポイントを含まない選択肢は消去する! ⇒問1
ルール45 解法 脱文補充問題は「解答へのステップ」で解く! ⇒問3

解答

問1 ④　問2 ②　問3 ホ　問4 ③
問5 ①　問6 ②

出典：日野啓三「断崖にゆらめく白い掌の群」

意味段落Ⅰ「死に対する反応としての掌の痕」

1 （ルール20 エピソード）ひとつの光景が頭を離れない。正確には、ひとつの映像あるいはひとつの画面と言うべきだろう。私自身がそこに立ち会ったのではなくて、テレビの記録番組の一場面なのだから。

2 にもかかわらず、私にとってその場面は、自分がそこに現に居合わせたかのようなふしぎな現実感を、日ましに濃くしてゆく。テレビの記録映像ではなく、ひとつの現実として、いや〝あらゆる現実の現実性〟の根拠ないし始原の光景でもあるかのように、身近なものとして、直接のものとして、現にいま刻々の私自身の出来事としてさえ感じられる。この世の約束の時間で計れば、何万年という遥かな過去の出来事にもかかわらず。

3 高さ百メートルを越える切り立った崖が、海岸に沿って蜿々と連なっている。海は明るく穏やかだ。断崖の上は深い熱帯の密林がひろがっている。

4 暗灰色の断崖の表面に、海面と並行して白っぽい横縞が走っている。縞の幅は十メートルぐらいだろうか、その灰白色の縞の一部が幾分くぼんでいる。洞穴というほど深くはない。暗くもない。かつての共同墓地ないし遺体を安置する聖所の跡のようである。いまも遺骨が散乱している。海は青く、骨は乾いて白い。

ルール20 読解 「エピソード」は「筆者の心情」とセットでとらえる！

筆者は心情を印象付けるために「エピソード」を紹介することがあります。「エピソード」の後にある「筆者の心情」とセットでとらえましょう。

また、エピソードは過去のものである場合が多いので、「過去」を表す表現に注意すると、「エピソード」をとらえやすくなります。

随筆のような文学的文章では「エピソード」から導かれる「筆者の心情」がなかなか出てこない場合もあります。その場合は文章全体を読んで、「筆者の心情」をとらえた上で、「エピソード」の意味を考えましょう。

5 その骨のちらばるくぼみの岩壁に、それがあった。数十にのぼる人間の掌（てのひら）の形が、いまもくっきりと残っているのである。掌の形を描いた絵ではない。それなら別に驚くことはない。掌を岩壁の表面にぴたりと押し当てて、そのまわりに赤茶色の顔料を丹念に吹きつけたものである。つまり掌の形が灰白色の岩の表面に、いわば白抜きに浮かび出しているのだ。

6 **白骨の重なる断崖のくぼみの岩の表面に、そんな白抜きの無数の掌の痕。**しかもそれぞれの掌の一本一本の指の形まで、くっきりといまも鮮やかだ。掌の痕というより、生きた掌の群がゆらゆらと、あるいはひらひらと、音もなく重なり合って揺れて、そよいでいるように見える。

7 テレビの説明では、三万年ほど昔のものらしいと私は聞いたつもりだが、その光景の鮮やかさは、ついこの間のことのようだ。いや白い掌の群のゆらめきは、いまの私自身の意識の奥の光景であるかのようになまなましい。異様になまなましい。

8 一九九一年初め、どのテレビも連夜、ペルシア湾岸戦争の映像と解説を流し続けていた時期に、ＴＢＳが放映したイリアン・ジャヤ（ニューギニア島西半部）のルポルタージュの一場面である。女性ディレクターが取材制作した真に記録的な、とは安易な物語性に流れないすぐれた記録作品だった。）

ルール4

9 同じ断崖の一部だったか少し離れた場所だったか、**掌のそよぐ墓地よりかなり後の時代と思われる岩絵**の紹介もあったが、A<u>これには私の意識はほとんど感応しなかった。</u>それは円や同心円や舟や人間の形を稚拙な記号として描いたもので、そのような記号化された古代の岩絵や

エピソード

・一九九一年初め、イリアン・ジャヤ（ニューギニア島西半部）のルポルタージュの一場面をテレビで見た

・白骨の重なる断崖のくぼみの岩の表面に、白抜きの無数の掌の痕がある光景が頭を離れない

←

筆者の心情

死という不可解で絶対的な事実に対する、生身の人間の直接の反応、形にならぬ、言葉にさえならぬ深層の震えが、そのままそこに出現したのだと私は思った

≫ルール4 読解 「対立関係」を整理して「主張」や「重要な情報」をとらえる！

→10ページ

「掌のそよぐ墓地よりかなり後の時代と思われる岩絵」

・円や同心円や舟や人間の形を稚拙な記号として描いたもの

→感応しなかった

洞窟画なら、私たちはオーストラリアやヨーロッパやアフリカで驚くべく巧みなものを、数多くすでに見ている。

[10] 白抜きに残された掌の形の中には、指が欠けているものがある。二本も三本も指の根もとから切断されているのだ。これを断崖に残した人たちの子孫と推定される採集民の部族が密林の奥で生活しているのだが、その中には同じように指をつめた人たちがいまもいる。愛する肉親が死ぬと指をつめるのだという。その人たちの指の欠けた掌は、断崖のくぼみに残る掌の群の中の、指のない掌の形と、ほとんど重なり合う。

[11] B これは記号ではない。 [イ] 【死という不可解で絶対的な事実に対する、生身の人間の直接の反応、形にならぬ、言葉にさえならぬ深層の震えが、そのままそこに出現したのだと私は思った。】

（心情）

意味段落Ⅱ 「死の意識化にともない、言葉が生まれた」

[12] 人類が死を意識した（死体を認知するだけでなく）のは、旧人ネアンデルタール人のあと新人ホモ・サピエンス・サピエンス [つまり] われわれ現存人類の段階になってからだとされている。 [ロ] 【ネアンデルタール人たちにも、西方に向かって並べられた頭骨の列とか、赤土をふんだんに使い、花をばらまいた花粉が残っている墓地など、葬送を意識した遺跡があるとよく言われていたが】、最新の人類考古学の知見は否定的である。 [ハ]

（譲歩）

↔ **対立関係**

「白骨の重なる断崖のくぼみの岩の表面にある、白抜きの無数の掌の痕」

・これは記号ではない
・死という不可解で絶対的な事実に対する、生身の人間の直接の反応
・形にならぬ、言葉にさえならぬ深層の震え

↓感応した

13 具体例（約五十万年前の北京原人の遺跡からは、脳や骨髄をすすって食べたらしいあとの人骨が、動物たちの骨と一緒に捨てられている。 ニ 東アフリカに現在棲息（せいそく）するヒヒたちの母親は、赤ん坊が何かの原因で死んでも胸に抱き続けて、死体が解体しはじめると急に異物だと気づいて、何の未練もなくほうり捨ててしまう、という動物学者の報告を読んだことがある。）

14 他の生物が死んでいる事実なら、ほとんどの生物が認知するだろう。 ホ だが自分自身も含めて死が全生物の逃れられぬ事実だとおびえ恐れ、死についてさまざまに考え始めたのは、わずか数万年前からのことと思われる。

15 イリアン・ジャヤ南西海岸に残った掌の形が三万年ほど前のものらしい、というテレビの説明を、私が聞き違えたのでなければ（その可能性もなくはない）、あの断崖のくぼみは、人間が死を強く意識し始めてそれほどたっていない時代のものである。

16 現在までその子孫たちが残っている彼らは、約十万年前ごろから世界各地に広まったわれわれ現存人類の古型だ。一万一千年前に氷河期が終るまで東南アジアにあったふたつの陸地のうち、五万年前ごろ西方の「スンダランド」から「サフルランド（現在のオーストラリア大陸とニューギニア島がつながったもの）」に渡った集団の一部と考えられるが、この遺跡は人類が死を自覚的に意識し始めた時期の、最も鮮烈で最も美しく怖ろしい体験のひとつと思えてならない。

17 死んだら魂はどうなるか、死後の世界があるのか、といったもろもろの宗教的、神話的思考がつくり出されるより前、死という観念、死という言葉が、この世界に滲み出てきた現場のように見える。**いや**（ルール6 11 段落との矛盾）**（言葉そのものがこのようにして、葬送儀礼の始まりと時期を同じくして、つまり死の意識化とともに生まれたのではないか、と**C**考えたい誘惑をおさえ難い。）**

18 記号やシンボリックな形象がその後世界じゅうで墓地内部を飾ることになるが、記号やシンボルは描かれる前にすでに意識化されたものである。形あるもの、意味あるものだが、その前に死という不可解な事実を自分自身のこととして自覚し始めたときの、身をよじって嘆き、指を切り落とすというような直接的な反応しかできなかった段階があったのだろう。その肉体的な、意識の奥からつきあげてくる恐怖と嘆きの、言い難い衝動。どうしてこの世界に死というものがあるのか、親しいものたちとの無慈悲な別れが避けられないのか、その答えは言い難く答え難い。言い難いからこそ言わねばならない。何か形をつけねばならない。

19 これはコミュニケーションの手段としての言葉と次元を［異にする］いわば［　Ⅰ　］である。動物たちも声をつかってコミュニケーションする。身振り、表情その他のコミュニケーションと同じ次元で、動物たちは言葉がないから意思疎通に困るだろう、ということはない。彼らはそれぞれの生活圏の中でお互い同士、十分にコミュニケートしている。

≫ ルール6 「矛盾」に注意する！ 読解

「矛盾」とはつじつまがあわないことという意味です。本文の中で「Aである」と「Aでない」の両方が筆者の主張として述べられている場合は、矛盾していると言えます。

一見矛盾していても、実は真理を表現している「逆説」である場合もあるので注意しましょう。（→**ルール7本文の矛盾は「逆説」を疑う！ 14ページ**）

11 掌の痕は「記号（＝意識化されたもの）ではない」（Aでない）

矛盾

17 掌の痕は「死の意識化とともに生まれた」（Aである）

筆者は自分自身の心情の「矛盾」がわかっているので、「Aである」と考えたい「誘惑をおさえ難い」と言っているのです。

読解マップ

意味段落I 「死に対する反応としての掌の痕」（1〜11）

エピソード

「白骨の重なる断崖のくぼみの岩の表面にある、白抜きの無数の掌の痕」の光景が頭を離れない

↓

筆者の心情

死という不可解で絶対的な事実に対する、生身の人間の直接の反応、形にならぬ、言葉にさえならぬ深層の震えが、そのまま掌の痕（＝記号ではない）として出現したのだと私は思った

↔ **対立関係**

掌のそよぐ墓地よりかなり後の時代と思われる岩絵（＝稚拙な記号）には感応しなかった

本文要約

ルポルタージュの一場面の「白骨の重なる断崖のくぼみの岩の表面にある、白抜きの無数の掌の痕」の光景が頭を離れない。そこには、死に対する、言葉にならぬ深層の震えが現れていると思った。そして、言葉そのものが、死の意識化とともに生まれたのではないかという矛盾する考えも浮かんだ。この言葉は他の動物たちでも行うようなコミュニケーションの手段としての言葉とは異なる、死への不安を形にした言葉である。

重要語句

□25ルポルタージュ＝新聞、放送などにおける、現地からの報告
□30記号＝一定の意味を示す文字や図
□66シンボル＝象徴。わかりにくいものを、はっきりした形で表した目印

意味段落Ⅱ 「死の意識化にともない、言葉が生まれた」（12～19）

「言葉そのものがこのようにして、葬送儀礼の始まりと時期を同じくして、つまり死の意識化とともに生まれたのではないか」

11 掌の痕は「記号（＝意識化されたもの）ではない」

矛盾

17 掌の痕は「死の意識化とともに生まれた」

→「考えたい誘惑をおさえ難い」

「白骨の重なる断崖のくぼみの岩の表面にある、白抜きの無数の掌の痕」

・死という不可解な事実を自分自身のこととして自覚し始めたときに意識の奥からつきあげてくる恐怖と嘆きの、言い難い衝動に形をつけたもの

⇔ **対立関係（差異）**

「コミュニケーションの手段としての言葉」

・動物でもお互い同士で用いることができる、声、身振り、表情その他と同様のもの（＝記号）

設問解説

問1 傍線部理由説明問題 難易度★

≫ルール43→32ページ

ステップ1 傍線部を含む一文を分析する

同じ断崖の一部だったか少し離れた場所だったか、掌のそよぐ墓地よりかなり後の時代と思われる岩絵の紹介もあったが、A これには〈私の意識は〉（主部）ほとんど感応しなかった。

「これ（＝掌のそよぐ墓地よりかなり後の時代と思われる岩絵）には」と「私の意識はほとんど感応しなかった」の間に「飛躍」があるので、「飛躍」を埋める説明を求めましょう。

ステップ2 解答の根拠をとらえる

9 同じ断崖の一部だったか少し離れた場所だったか、掌のそよぐ墓地よりかなり後の時代と思われる岩絵の紹介もあったが、A これには私の意識はほとんど感応しなかった。それは円や同心円や舟や人間の形を稚拙な記号として描いたもので、そのような記号化された古代の岩絵や洞窟画なら、私たちはオーストラリアやヨーロッパやアフリカで驚くべく巧みなものを、数多くすでに見ている。

10 白抜きに残された掌の形の中には、指が欠けているものがある。

↔ 対立関係

……

11 これは記号ではない。 イ 死という不可解で絶対的な事実に対する、生身の人間の直接の反応、形にならぬ、言葉にさえならぬ深層の震えが、そのままそこに出現したのだと私は思った。

「岩絵」は「円や同心円や舟や人間の形を稚拙な記号として描いたもの」とあります。「記号」だから、感応しなかったのです。筆者が感応した「掌」に関しては「記号ではない」と説明されています。「記号」ではなく「生身の人間の直接の反応」なので、強い印象を抱いているのです。

ステップ3 解答を決定する

以上より、解答は④「その岩絵は記号として描かれていて、生身の人間の意識の奥からつきあげてくるような反応が感じられないから。」となります。「記号」「生身の人間の直接の反応でない」というポイントがある選択肢はこれです。

①は本文に書いてあることですが、「記号」「生身の人間の直接の反応でない」というポイントがないため、誤りです。

≫ルール55 解法

本文に書いてあることでも、設問で問われているポイントを含まない選択肢は消去する！

解答の条件が「A」のとき、「A」というポイントは入っていないが、本文に書かれていることで作られている選択肢があります。本文との矛盾はないのですが、問われているポイントがないので誤りとなります。このような選択肢は難関私大でよく出てきます。

②は「考古学的にみて貴重さの度合いが劣る」、③は「心が深く揺り動かされるほどの美意識に欠けていた」が本文に書かれていないので、誤りです。

問2 傍線部理由説明問題 難易度★

≫ルール43→32ページ

ステップ1 傍線部を含む一文を分析する

（主語）
B〈これは〉記号ではない。

指示語「これ」の指示対象を確かめ、「これ」と「記号ではない」の「飛躍」を埋める説明を求めましょう。

ステップ2 解答の根拠をとらえる

10 ……その人たちの指の欠けた掌は、断崖のくぼみに残る掌の群の中の、指のない掌の形と、ほとんど重なり合う。

11 B〈これは〉記号ではない。イ 死という不可解で絶対的な事実に対する、生身の人間の直接の反応、形にならぬ、言葉にさえならぬ深層の震えが、そのままそこに出現したのだと私は思った。

18 ……記号やシンボルは描かれる前にすでに意識化されたものである。形あるもの、意味あるものだが、その前に死という不可解な事実を自分自身のこととして自覚し始めたときの、身をよじって嘆き、指を切り落とすというような直接的な反応しかできなかった段階があったのだろう。……

本文の関連する部分をもとに「これ」と「記号ではない」の「飛躍」を埋めると次のようになります。

「これ」＝「断崖のくぼみに残る掌の群の中の、指のない掌の形」

↓

死に対する生身の人間の直接の反応
形にならぬ、言葉にさえならぬ深層の震え
＝意識化される前の段階のもの

↓

「記号（＝意識化されたもの）ではない」

ステップ3 解答を決定する

以上より、解答は②「著者は、断崖のくぼみにある指のない掌の痕が、意識化の過程や抽象的思考を経た記号の出現ではないと考えているから。」となります。「これ」の指示対象と「意識化される前」というポイントを押さえた選択肢はこれです。

①は「愛する肉親の死に対する言語化できない哀悼を表現する」、

③は「死という観念や死後の霊魂といった新しい次元」とあり、死が意識化されたものとして説明されている点が誤りです。

④は「言語をまだ持たない人間の死者に対するコミュニケーションの現れ」が誤りです。19段落で「コミュニケーション」とは異なると説明されています。

問3 脱文補充問題 難易度★★

ルール45 脱文補充問題は「解答へのステップ」で解く！ 解法

脱文補充問題の解答へのステップ

ステップ1 脱文を分析する

脱文の中にある「つながりを示す表現」＝「指示語」と「接続表現」に注目します。「主語（部）」も押さえておきましょう。

ステップ2 前後の文とのつながりを確認する

脱文補充問題では脱文が入る箇所の候補が複数示されることが多いので、それぞれの箇所の前後が脱文とつながる内容かどうか確認します。

ステップ3 解答の根拠をとらえる

ステップ1・ステップ2をもとに、自然なつながりになる箇所を考えます。

ステップ4 解答を決定する

ステップ3でとらえた根拠をもとに解答を決めます。

ステップ1 脱文を分析する

〈死期を予感する動物たち（主部）も〉いるかもしれない。

「も」という助詞が使われているので、前の文に似たような内容が書かれていると考えることができます。

ステップ2 前後の文とのつながりを確認する

「**本文解説**」を参照し、**イ**〜**ホ**の前後を確認してください。

イの前は「これは記号ではない」という文で、後はその説明です。

ロの前は「人類が死を意識したのは現存人類の段階になってからだ」という内容で、後は「ネアンデルタール人は死（葬送）を意識していなかった」という人類考古学の知見が語られています。「ネアンデルタール人」についての知見に続けて**ハ**があり、次の段落の「北京原人」の例につながります。さらに続けて**ニ**があり、後には「ヒヒ」についての動物学者の報告が紹介されています。

ホの前には「他の生物が死んでいる事実なら、ほとんどの生物が認知するだろう」とあり、「死を認知する」という内容、後は「死について考え始めたのはわずか数万年前のことだ」という内容です。

ステップ3 解答の根拠をとらえる

イは、前後がともに「人類」についての話なので、間に「動物たちも」がくるとは考えにくいです。

ロ〜**ニ**の前後はいずれも「死を意識していない」例です。

ホの前の「生物が死を認知する」という内容は「死期を予感する動物たち」と類似しているので、脱文はここに入るとわかります。

また、脱文は「かもしれない」で終わっており、**ホ**の後の文は「だが」という逆接でつながっているので、「だが」の前の文が「譲歩」になっていることがわかります。「だろう」や「かもしれない」という推量表現は「譲歩」で使われる場合が多いことを覚えておきましょう。

ステップ4 解答を決定する

以上より、解答は**ホ**となります。

問4 傍線部理由説明問題 難易度★★★

≫ルール43→32ページ

ステップ1 傍線部を含む一文を分析する

いや言葉そのものがこのようにして、葬送儀礼の始まりと時期を同じくして、つまり死の意識化とともに生まれたのではないか、とC考えたい誘惑をおさえ難い。

「言葉そのものがこのようにして、葬送儀礼の始まりと時期を同じくして、つまり死の意識化とともに生まれたのではないか」という部分と、「考えたい誘惑をおさえ難い」という部分に「飛躍」があります。指示語「このようにして」の指示対象を押さえた上で、「飛躍」を埋める説明を求めましょう。

ステップ2 解答の根拠をとらえる

16 ……この遺跡は人類が死を自覚的に意識し始めた時期の、最も鮮烈で最も美しく怖ろしい体験のひとつと思えてならない。17 死んだら魂はどうなるか、死後の世界があるのか、といったもろもろの宗教的、神話的思考がつくり出されるより前、死という観念、死という言葉が、この世界に滲み出てきた現場のように見える。いや言葉そのものがこのようにして、……

「このようにして」は、「この遺跡」（＝掌の痕が残っているイリアン・ジャヤの断崖のくぼみ）で「死という観念、死という言葉が、この世界に滲み出てきた」ことを指しています。つまり掌の痕は「死の意識化」とともに生まれたものだと考えていることになります。

一方、問2で見た部分では、「断崖のくぼみに残る掌の群の中の、指のない掌の形」を「記号（＝意識化されたもの）ではない」ととらえていました。

つまり、この部分は前で述べていたことと「矛盾」する内容なのです。ですから「誘惑」と述べているのです。「矛盾」することはわかっているが、そのように「考えたい誘惑をおさえ難い」ということです。

「言葉そのものがこのようにして、葬送儀礼の始まりと時期を同じくして、つまり死の意識化とともに生まれたのではないか」

11掌の痕は「記号（＝意識化されたもの）ではない」

矛盾

17掌の痕は「死の意識化とともに生まれた」

← **「考えたい誘惑をおさえ難い」**

ステップ3 解答を決定する

以上より、解答は③「著者は、断崖のくぼみに残る掌の痕は記号ではないと主張しているのに、それを死の意識化のはじまりとみなすとき、自らの主張が矛盾をきたすことに気づいたから。」となります。「掌の痕」の「死の意識化」に関する「矛盾」を押さえている選択肢はこれです。

①は「旧人ネアンデルタール人」についての内容なので、誤りです。

②は「意識の原光景」、「実際以上に宗教化してしまう」が本文にない内容なので、誤りです。

④は「自説の同語反復」は「矛盾」にならないので、誤りです。「同語反復」とは、同じ意味の言葉を無用に繰り返すことをいいます。また「旧人ネアンデルタール人が死を意識化し始めた」も、12段落の「人類が死を意識したのは新人ホモ・サピエンス・サピエンスの段階」という内容に反するので間違っています。

問5 空所補充問題 難易度★★

≫ルール44→50ページ

ステップ1 空所を含む一文を分析する

〈これは〉（主語）コミュニケーションの手段としての言葉と次元を異にするいわば［ I ］である。

主述の対応が「これは［ I ］である」なので、指示語「これ」の指す内容が［ I ］の説明になるとわかります。「異にする」という「差異」の表現もヒントにして解答の根拠を求めましょう。

ステップ2 解答の根拠をとらえる

18 ……死という不可解な事実を自分自身のこととして自覚し始めたときの、身をよじって嘆き、指を切り落とすというような直接的な反応しかできなかった段階があったのだろう。その肉体的な、意識の奥からつきあげてくる恐怖と嘆きの、言い難い衝動。どうしてこの世界に死というものがあるのか、親しいものたちとの無慈悲な別れが避けられないのか、その答えは言い難く答え難い。言い難いからこそ言わねばならない。何か形をつけねばならない。

19 〈これは〉コミュニケーションの手段としての言葉と次元を異にするいわば［ I ］である。動物たちも声をつかってコミュニケーションする。身振り、表情その他のコミュニケーションと同じ次元で、動物たちは言葉がないから意思疎通に困るだろう、というようなことはない。彼らはそれぞれの生活圏の中でお互い同士、十分にコミュニケートしている。

引用した部分を整理すると次のようになります。

[I]（=「これ」）

=

死という不可解な事実を自分自身のこととして自覚し始めたとき、「意識の奥からつきあげてくる恐怖と嘆きの、言い難い衝動」に「形」をつけたもの

⇔ 対立関係（差異）

「コミュニケーションの手段としての言葉」
動物でもお互い同士で用いることができる、声、身振り、表情その他と同様のもの

ステップ3 解答を決定する

以上より、解答は①「実存の言葉」となります。この「実存」は、自分の存在への関心に関わる哲学の言葉です。「死という不可解なものに対する不安に形をつけたもの」を意味するのはこの選択肢です。

②「意識の言葉」、③「生活の言葉」は「コミュニケーション手段としての言葉」です。④「事実の言葉」は「言い難い」ものではないため、誤りです。

問6 内容真偽問題 難易度★★

≫ルール47→36ページ

ステップ1 本文を通読し、意味段落分けをする

「本文解説」参照

ステップ2 選択肢を分析する（①）

① 著者はテレビで放映された岸壁のくぼみに残る掌の痕に、人類が死をはじめて意識化した兆しを見ようとしている。

ステップ3 解答の根拠をとらえる（①）

「人類が死をはじめて意識化した兆し」についての説明は意味段落Ⅱにあります。

[17] ……言葉そのものがこのようにして、葬送儀礼の始まりと時期を同じくして、つまり死の意識化とともに生まれたのではないか、と考えたい誘惑をおさえ難い。

問4で見たように、筆者は「掌の痕」を「死の意識化とともに生まれた」ものと考えています。①は本文に合致します。

ステップ2 選択肢を分析する（②）

② 著者はテレビで放映された岸壁のくぼみに残る掌の痕に、人類がはじめてコミュニケーションを意識化して行った痕跡を見ようとしている。

ステップ3 解答の根拠をとらえる（②）

「コミュニケーション」についての説明は、意味段落Ⅱにあります。

19 〈これは〉コミュニケーションの手段としての言葉と次元を異にする いわば Ⅰ（実存の言葉） である。……

問5で見たように、「これ」は「死を自覚し始めたときに意識の奥からつきあげてくる恐怖と嘆きの、言い難い衝動に形をつけたもの」です。「掌の痕」は「これ」（＝実存の言葉）にあたります。「コミュニケーションの手段としての言葉と次元を異にする」とあるので、②は本文に合致しません。

ステップ2 選択肢を分析する（③）

③ 著者はテレビで放映された岸壁のくぼみに残る掌の痕に、指の欠けたものを認めて記号になりきらない生身の反応を見ようとしている。

ステップ3 解答の根拠をとらえる（③）

「記号」「生身の反応」についての説明は、意味段落Ⅰにあります。

10 ……その人たちの指の欠けた掌は、断崖のくぼみに残る掌の群の中の、指のない掌の形と、ほとんど重なり合う。

11 〈これは〉記号ではない。死という不可解で絶対的な事実に対する、生身の人間の直接の反応、形にならぬ、言葉にさえならぬ深層の震えが、そのままそこに出現したのだと私は思った。

③は本文に合致します。

ステップ2 選択肢を分析する（④）

④ 著者はテレビで放映された岸壁のくぼみに残る掌の痕に、人類が言語を使いこなす以前の体をつきあげてくる衝動を見ようとしている。

ステップ3 解答の根拠をとらえる（④）

「言語を使いこなす以前の体をつきあげてくる衝動」についての説明は、意味段落Ⅱにあります。

18 記号やシンボリックな形象がその後世界じゅうで墓地内部を飾ることになるが、……その前に死という不可解な事実を自分自身のこととして自覚し始めたときの、身をよじって嘆き、指を切り落とすというような直接的な反応しかできなかった段階があったのだろう。その肉体的な、意識の奥からつきあげてくる恐怖と嘆きの、言い難い衝動。……

②の説明でも述べたように、「掌の痕」はこの「衝動」を表したも

のです。④は本文に合致します。

ステップ4 解答を決定する

以上より、解答は②となります。本文と「合致しないもの」を選ぶことに注意しましょう。

Lesson 5

解答・解説

▼問題 別冊37ページ

このレッスンで出てくるルール

ルール27 読解 「時間（時代）」が示す「変化」や「経緯」に注目する！
ルール4 読解 「対立関係」を整理して「主張」や「重要な情報」をとらえる！
ルール2 読解 「同値関係（＝言い換え）」に注意する！
ルール3 読解 「キーワード」の「詳しい説明」に注意する！
ルール15 読解 本文に書かれていない「結論」を推察する！
ルール50 解法 要約問題は「解答へのステップ」で解く！⇓問
ルール60 解法 要約に「比喩」「詳しい説明」「具体例」は入れない！⇓問
ルール61 解法 要約には「個人言語」の定義をできるだけ入れる！⇓問

解答

(例)生産と成長を基軸とする産業社会では、老いは停滞や衰退を表す負の象徴であり、能率性の向上が第一にめざされるため、長年かけて培われる経験知よりも学習すればだれでも使用できる技術知が重視され、経験や成熟が意味を失っている。人間にとって成熟とは、自活しつつ他者と相互に依存する生活を安定して維持する社会的能力を持つことで、そのためには訓練と心構えが必要なので、成熟と未熟はたんに年齢では分けられない。（196字）

本文解説

出典：鷲田清一『老いの空白』

意味段落Ⅰ 「産業社会では〈成熟〉が意味を失っている」

1 〈老い〉がまるで無用な「お荷物」であって、その最終場面ではまず「介護」の対象として意識されるという、そんな惨めな存在であるかのようにイメージされるようになったのには、それなりの歴史的経緯がある。(生産と成長を基軸とする産業社会にあっては、停滞や衰退はなんとしても回避されねばならないものである。そしてその反対軸にあるものとして、〈老い〉がイメージとして位置づけられる。生産性(もしくはその潜勢性)や成長性、効率性、速度に、非生産的＝無用なもの、衰退＝老化——そういえば社会システムの老化のことを「制度疲労」とも言うのであった——として対置されるかたちで。)〈若さ〉と〈老い〉という二つの観念は、産業社会ではたがいに鏡合わせの関係にある。

2 鏡合わせとは対になってはたらいているということであるが、その二つはいうまでもなく正負の価値的な関係のなかで捉えられている。そして重要なことは、〈老い〉が負の側を象徴するのは、時間のなかで蓄えられてきた〈経験〉というものにわずかな意味しか認められないということである。〈経験〉ということで、身をもって知っていること、憶えてきたことをここでは言っているのだが、【産業社会では基本的に、ひとが長年かけて培ってきたメチエともいうべき

≫ルール27 読解 「時間(時代)」が示す「変化」や「経緯」に注目する！

論理的文章では「時間(時代)」を表す表現によって、「変化」や「経緯」を説明することがあります。「時代」を経て「変化」したのか、それとも「時代」を超えて同じことが受け継がれていくのかに注意しながら読んでいきましょう。

「〈老い〉の価値が低下した歴史的経緯」

かつて

〈老い〉が尊敬された時代

・時間のなかで蓄えられてきた〈経験〉が尊重された時代

↓

現在

〈老い〉の価値が低下した時代

・〈経験〉がその価値を失った時代

・生産と成長を基軸とする時代

経験知よりも【ルール4】、だれもが訓練でその方法さえ学習すれば使用できるテクノロジー（技術知）が重視される。）【根拠】（機械化、自動化、分業化による能率性の向上が第一にめざされるからである。）そしてこの「長年かけて培ってきた」という、その時間過程よりも結果に重きが置かれるというところから、〈経験〉の意味がしだいに削がれてきたのである。〈老い〉が尊敬された時代というのは、この〈経験〉が尊重された時代のことである。【具体例】【ルール27】（かつて、いろり端での老人と孫の会話では、孫は老人から知恵と知識を得た。現在では、老人が孫からコンピュータの使い方を教わる。）

3 （〈経験〉がその価値を失うということ）【ルール2】、それは（〈成熟〉が意味を失うということ）だ。さらに〈成熟〉が意味を失うということは、（「大人」になるということの意味が見えなくなること）だ。

意味段落Ⅱ　「成熟と未熟は年齢では分けられない」

4 〈成熟〉とはあきらかに〈未熟〉の対になる観念である。【具体例】（生まれ、育ち、大人になり、老いて、死を迎える……。）そういう過程としてひとの生が思い浮かべられている。そのなかで大人になることと未だ大人になっていないこととが、〈成熟〉と〈未熟〉として生の過程を二分している。

5 これは別に、人間にかぎって言われることではない。【ルール3】【キーワード】〈成熟〉とは【説明】（まずは生きものが自活できるということであろう。）【具体例】（食べ、飲み、居場所をもち、仲間と交際することが独力でできるということ）、つまりはじぶんでじぶんの生活をマネージできるということであろう。もっともひと

≫ルール4 読解
「対立関係」を整理して「主張」や「重要な情報」をとらえる！

→10ページ

経験知
⇔ 対立関係
テクノロジー（技術知）…重視される

≫ルール2 読解
「同値関係（＝言い換え）」に注意する！

論理的文章ではキーワードを様々な用語に言い換えていくことがあります。そのときにどの言葉がどの言葉と同じなのかに注意しながら読んでいきましょう。

〈経験〉がその価値を失うということ
＝ 同値関係
〈成熟〉が意味を失うということ
＝ 同値関係
「大人」になるということの意味が見えなくなること

は、他の生きもの以上に、生活を他のひとと協同していとなむという意味では社会的なものであって、だから〈成熟〉とは、説明【より正確には、社会のなかでじぶんの生活をじぶんで、じぶんたちの生活をじぶんたちで、マネージできるということである。】そのかぎりでひとにおいて成熟とはその生活の相互依存ということを排除するものではない。産み落とされたとたんに見捨てられ、野ざらしになって死にっきりということがわたしたちの社会ではよほどのことがないかぎりありえない以上、生まれたときもわたしたちは他の人たちに迎えられたのであり、死ぬときも他の人たちに見送られる。だれもが、生まれるとすぐだれかに産着を着せられ、食べさせてもらうのであり、死ぬときもだれかに死装束にくるまれ、棺桶（かんおけ）に入れてもらうのである。

6 そうするとひとが生きものとして自活できるといっても、単純に独力で生きるということではないことになる。具体例【食べ物ひとつ、まとう衣ひとつ手に入れるのも、他のひとたちの力を借りないとできないのがわたしたちの生活であるかぎり、自活できるというのは他のひとたちに依存しないで、というのとはちがうのである。】むしろそういう相互の依存生活を安定したかたちで維持することをも含めて、つまりじぶんのことだけでなく共同の生活の維持をも含めて、つまり他のひとの生活をも慮（おもんぱか）りながらじぶん（たち）の生活をマネージできるということが、成熟するということなのである。

7 となると主張【成熟／未熟も、たんに生物としての年齢では分けられなくなる。】根拠【〈成熟〉には社会的な能力の育成ということ、つまりは訓練と心構えが必要になるからである。】

ルール3 読解 「キーワード」の「詳しい説明」に注意する！

論理的文章においては、まずある「キーワード」が示されて、その後に「詳しい説明」がくる場合があります。「キーワード」は複数ある場合もあるので、どの部分がどの「キーワード」の説明になっているのか整理しながら読んでいきましょう。

キーワード
〈成熟〉
←
詳しい説明
まずは生きものが自活できるということ
← より正確には
社会のなかでじぶんの生活をじぶんで、じぶんたちの生活をじぶんたちで、マネージできるということ

Lesson 5

ルール15 読解

本文に書かれていない「結論」を推察する！

近年、思考力を問う問題が出題されています。本文で与えられた前提をもとにして、書かれていない結論を推察する問題はその一つです。

前提

〈成熟〉が意味を失う

＋

〈成熟〉には訓練と心構えが必要

↓

〈成熟〉が意味を失っているので、〈成熟〉に必要な訓練と心構えがなされない

↓

結論（推察）

年齢を重ねても〈未熟〉な人が増える

読解マップ

意味段落Ⅰ 「産業社会では〈成熟〉が意味を失っている」 （1〜3）

「生産と成長を基軸とする産業社会」

〈若さ〉

↔ **対立関係**

〈老い〉＝停滞や衰退、負の象徴

経験知

↔ **対立関係**

テクノロジー（技術知）…重視される

根拠 能率性の向上が第一にめざされるから

〈経験〉がその価値を失うということ

＝ **同値関係**

〈成熟〉が意味を失うということ

＝ **同値関係**

「大人」になるということの意味が見えなくなること

意味段落Ⅱ 「成熟と未熟は年齢では分けられない」 （4〜7）

本文要約

解答参照（↓74ページ）

重要語句

□5 潜勢（せんせい）＝内にひそんで表には現れない勢い

□13 メチエ＝美術・文学などの専門的な技術・技巧

□28 マネージ＝管理すること。問題や課題に取り組み、解決すること

□42 慮る（おもんぱか）＝人の立場・事情などをよく考え、心を配る

〈成熟〉とはまずは生きものが自活できるということ

← より正確には

〈成熟〉とは、社会のなかでじぶんの生活をじぶんで、じぶんたちの生活をじぶんたちで、マネージできるということ

相互の依存生活を安定したかたちで維持することをも含めて

＝じぶんのことだけでなく共同の生活の維持をも含めて

＝他のひとの生活をも慮りながらじぶん（たち）の生活をマネージできるということが、成熟するということ

成熟／未熟はたんに生物としての年齢では分けられない

根拠 〈成熟〉には「社会的な能力の育成」＝「訓練と心構え」が必要だから

前提 〈成熟〉が意味を失う

＋

〈成熟〉には訓練と心構えが必要

 〈成熟〉が意味を失っているので、〈成熟〉に必要な訓練と心構えがなされない

結論（推察） 年齢を重ねても〈未熟〉な人が増える

・自己や他者の生活の問題や課題に取り組み、解決することができない

設問解説

問 要約問題 難易度★★★

≫記述ルール→7ページ

記述問題は、問われている内容に合う「解答へのステップ」を利用して解いていきましょう。

≫ルール50 解法 要約問題は「解答へのステップ」で解く！

要約問題の解答へのステップ

ステップ1 本文を通読して要点などを押さえる

各段落の要点や「個人言語」の定義を押さえます。

ステップ2 本文の要点を整理する

ステップ1 で押さえた内容をもとに、要点を整理します。

ステップ3 解答をまとめる

ステップ1・ステップ2 をふまえて、本文を要約します。

要約問題は、現代文の設問の中でも究極の問題であり、最も難しい問題だと言って差し支えありません。解答に不可欠な要素は「筆者の主張」（結論）と「根拠」です。これらを中心にして解答をまとめましょう。

ステップ1 本文を通読して要点などを押さえる

1段落から順に見ていきましょう。

意味段落Ⅰ（1〜3）

1 まずこの文章が「生産と成長を基軸とする産業社会」について述べていることを押さえましょう。そして「生産と成長」の「反対軸」にある、「停滞や衰退」をイメージさせるものとして「〈老い〉」が位置づけられています。

「〈老い〉がまるで無用な『お荷物』であって、その最終場面ではまず『介護』の対象として意識されるという、そんな惨めな存在であるかのようにイメージされるようになった」という部分は「まるで」や「ように」が使われていることから、「比喩」的な表現なので、要約には入れないようにしましょう。

「生産性（もしくはその潜勢性）」以降の部分は、産業社会における「〈老い〉」の「詳しい説明」です。「詳しい説明」は「筆者の主張」との関連が薄ければ、要約ではカットするようにしましょう。

≫ルール60 解法 要約に「比喩」「詳しい説明」「具体例」は入れない！

「比喩」でしか説明されていない場合は比喩でない表現に改めましょう。また、「具体例」でしか書かれていない場合は「一般化」して書きましょう。

2 「鏡合わせ」という「比喩」の説明から入ります。そして、次の「重要なことは」以下にある「〈老い〉が負の側を象徴するのは、時間のなかで蓄えられてきた〈経験〉というものにわずかな意味しか認められないということ」という部分は、筆者が強調している部分なので、チェックしておきましょう。

そして「〈経験〉」の意味がわずかになった背景として、「産業社会」では「ひとが長年かけて培ってきたメチエともいうべき経験知よりも、だれもが訓練でその方法さえ学習すれば使用できるテクノロジー（技術知）が重視される」ことが指摘され、その理由は「能率性の向上が第一にめざされるから」と説明されています。

その後は「〈経験〉」が意味を失ったことの具体例なので、この部分は要約に含めません。

3 意味段落Ⅰの「まとめ」になっています。「〈経験〉がその価値を失う」＝「〈成熟〉が意味を失う」＝「『大人』になるということの意味が見えなくなる」という同値関係（＝言い換え）を押さえましょう。

意味段落Ⅱ（4〜7）

4 「〈成熟〉」＝「大人になること」と「〈未熟〉」＝「未だ大人になっていないこと」という対になる概念が説明されています。

5 「〈成熟〉」とは「まずは生きものが自活できるということ」と定義されます。さらに、「ひとは、他の生きもの以上に、生活を他のひとと協同していとなむという意味では社会的なものであって、だから〈成熟〉とは、より正確には、社会のなかでじぶんの生活をじぶんで、じぶんたちの生活をじぶんたちで、マネージできるということである」と再定義されています。

「〈成熟〉」は筆者により定義されている「個人言語」なので、要約にも定義を示すようにしましょう。

≫ルール61 解法

要約には「個人言語」の定義をできるだけ入れる！

字数にもよりますが、筆者が特殊な意味を込めて使っている「個人言語」は定義を書くようにしましょう。

6 5段落の「〈成熟〉」の定義を前提にして、議論を押し進めます。「むしろ」以下の「そういう相互の依存生活を安定したかたちで維持することをも含めて、つまりじぶんのことだけでなく共同の生活の維持をも含めて、つまり他のひとの生活をも慮（おもんぱか）りながらじぶん（たち）の生活をマネージできるということが、成熟するということなのである」が筆者が強調している部分です。「成熟するということ」について改めて説明していることがわかります。この内容もふまえて「〈成熟〉」の定義をまとめるようにしましょう。

7 〈成熟〉には「社会的な能力の育成」＝「訓練と心構え」が必要なので、「成熟／未熟」はたんに年齢で分けられるものではないとまとめられています。

ステップ2 本文の要点を整理する

意味段落Ⅰ

①生産と成長を基軸とする産業社会では、〈老い〉は停滞や衰退をイメージさせる負の象徴である

②産業社会では能率性の向上が第一にめざされるため、長年かけて培われる経験知よりも、だれもが学習すれば使用できる技術知が重視され、〈経験〉というものにわずかな意味しか認められない

③〈経験〉がその価値を失う＝〈成熟〉が意味を失う＝「大人」になるということの意味が見えなくなる

意味段落Ⅱ

④〈成熟〉の基本は「生きものが自活できるということ」だが、ひとは他者と相互に依存し合って生活する社会的な存在であるため、他者との依存生活を安定したかたちで維持しながら自活できることが〈成熟〉である

←

〈成熟〉の定義

人間にとって〈成熟〉とは、自活しつつ他者と相互に依存する生活を安定して維持する社会的能力を持つこと

⑤〈成熟〉には訓練と心構えが必要なので、成熟／未熟はたんに年齢では分けられない

ステップ3 解答をまとめる

以上より、解答例は「生産と成長を基軸とする産業社会では、老いは停滞や衰退を表す負の象徴であり、能率性の向上が第一にめざされるため、長年かけて培われる経験知よりも学習すればだれでも使用できる技術知が重視され、経験や成熟が意味を失っている。人間にとって成熟とは、自活しつつ他者と相互に依存する生活を安定して維持する社会的能力を持つことで、そのためには訓練と心構えが必要なので、成熟と未熟はたんに年齢では分けられない。」（196字）となります。

ポイントは、①「生産と成長を基軸とする産業社会では、老いは停滞や衰退を表す負の象徴であり」、②「能率性の向上が第一にめざされるため、長年かけて培われる経験知よりも学習すればだれでも使用できる技術知が重視され」、③「経験や成熟が意味を失っている」、④「人間にとって成熟とは、自活しつつ他者と相互に依存する生活を安定して維持する社会的能力を持つこと」、⑤「そのためには訓練と心構えが必要なので、成熟と未熟はたんに年齢では分けられない」の五点です。それぞれステップ2の①～⑤と対応しています。

この文章は、「**本文解説**」でも示した通り、書かれていない「結論」を推察することができます。要約に必要な①～⑤の要素を押さえた上で、推察した「結論」を加えてまとめても構いません。⑤の「成熟／未熟はたんに年齢では分けられない」は、推察した結論「年齢を重ねても未熟な人が増えることになる」に置き換えます。この場合の解答例は「生産と成長を基軸とする産業社会では、老いは負

の象徴であり、能率性の向上がめざされるため、長年かけて培われる経験知よりも学習すればだれでも使用できる技術知が重視され、経験や成熟が意味を失っている。人間にとって成熟とは、自活しつつ他者と相互に依存する生活を安定して維持する社会的能力を持つことだが、成熟が意味を失った社会では成熟に必要な訓練と心構えがなされず、年齢を重ねても未熟な人が増えることになる。」(199字)となります。

Lesson 6

解答・解説

▼問題 別冊41ページ

このレッスンで出てくるルール

ルール1 読解 「は」で強調されている「主題」に注目する！
ルール4 読解 「対立関係」を整理して「主張」や「重要な情報」をとらえる！
ルール14 読解 「主張」に伴う「根拠」を意識する！
ルール26 読解 「数詞」や「場合分け」で列挙されているポイントを押さえる！
ルール9 読解 「並列関係」は並べる事柄とその対応を整理する！
ルール46 解法 文整序問題は「解答へのステップ」で解く！ ⇒問2
ルール52 解法 「指示語」は必ず「指示対象」を確認する！ ⇒問2
ルール58 解法 過度の「全体化」をしている選択肢は消去する！ ⇒問4
ルール59 解法 本文にない因果関係がある選択肢は消去する！ ⇒問5
ルール57 解法 余計な条件や説明が加えられた選択肢は消去する！ ⇒問5

解答

問1 伝統的な　問2 ①　問3 ①　問4 ④　問5 ②

出典：木下順二「日本人の思想」

意味段落Ⅰ「フライタークのドラマトゥルギー論」

1 ドラマトゥルギーということばがあって、ふつう「劇作術」と訳されているが、ドラマトゥルギーの古典とされる教科書に、十九世紀にドイツのフライタークが書いたドラマトゥルギー論がある。その中でフライタークは、ギリシャ時代から当時までの代表的な戯曲を分析して、そこから戯曲の法則ともいうべきものを帰納的に整理しているが、この法則は、その後さまざまな問題がそこにつけ加えられたにもかかわらず、やはりドラマというものの基本法則であると考えられる。

2 フライタークによれば、ドラマというものは、二つの力の対立によってつくられる。（そのAとBとの二つの力の対立は、次のような順序で戯曲として展開する。まず最初の導入部で、対立するAとBとの事情が説明されるが、五幕形式の古典戯曲なら、これが第一幕に当る。次にその対立が錯綜しつつ、Aの力が上昇線をたどる第二幕。第三幕は両者が決定的な対決をするいわゆる危機の場面であり、そこでBにやぶれたAは次の第四幕で下降線をたどり、第五幕はいわゆるカタストロフィ、終結の場面である。）そこには、単にAに対してBが勝ったということではない、闘争の結果として生れた一つの「調和」がねがわくはありたいのだが、戯曲とい

≫ルール1 読解 「は」で強調されている「主題」に注目する！

→25ページ

「〜というものは」は「〜とは」と同様にキーワードを定義します。

フライタークのドラマトゥルギー論
- ドラマというものは、二つの力の対立によってつくられる
- 戯曲というものは、線で表わすならピラミッド型を描くような構造を持つ

うものは、このようにして、線で表わすなら1ピラミッド型を描くような構造を持つとフライタークはいう。

3 日本の近代劇がその歩みを始めて以来、戯曲作法の教則本として支配的な影響をそこに与えたのは、イプセンの戯曲とともにこのフライタークであった。そしてその後の、諸外国からのさまざまな理論の輸入にもかかわらず、フライタークはやはり基本的なドラマの法則を示してくれるものとして、今もわれわれの前にある。だがフライタークが説いている対立ということ、その対立の線がピラミッド型を描くということ、そのことの意味がわが国で果して正しく理解されてきたかどうか、その点になると甚だ疑問だといわなければならない。

意味段落Ⅱ 「日本ではドラマトゥルギーの理解が不十分であった」

4 ドラマトゥルギーが ルール4 「劇作術」という日本語に訳されたことは、わが国におけるドラマトゥルギー理解の不十分さを期せずして説明しているといえる。わが国ではドラマトゥルギーが、単に戯曲をつくる「術」として理解された傾きが多分にある。集めて来た素材をどのように劇的に処理するかというその技術として、フライタークはしばしば利用されたのである。譲歩【技術の適用がうまく行けば、それはなるほど面白い戯曲にはなるだろう。いわゆる「劇的」な場面がそこに展開されることにはなるだろう。】ルール14 主張 だが【ドラマトゥルギーがそのように理解される限り、そこにあるものはつくりものの「劇的」であり、それは本当の「ドラマティック」を意味しない。】

≫ルール4 読解

「対立関係」を整理して「主張」や「重要な情報」をとらえる！

→10ページ

「劇作術」＝単なる「術」
・集めて来た素材をどのように劇的に処理するかという技術
・作品が「劇的」になる

⇔ 対立関係

「ドラマトゥルギー」＝一つの「思想」
・現実の中に入り組んだ対立を、戯曲という形式を通して、はっきりとした対立にまで整理する方法
・発展の契機をその中に含む対立としての認識にまでそれを高める方法
・作品が「ドラマティック」になる

根拠
（AとBとがなにゆえ対立するかという根源的な理由が、そこでは閑却されてしまっているからである。）

5 ［　2　］

6 だがそこで得た問題を、むろん劇作家は制約もなく叫びあげるのではない。それを戯曲というフォームに入れる。厳密なフォームの中に圧縮されることによって、あるいはフォームに媒介されることによって、とりとまりのない現実は、はじめて現実とは異質の、現実と連続し非連続であるという関係においてただしく現実を内包する生きた統一的な世界に再生する。ドラマトゥルギーとは、現実の中に入り組んだ対立を、戯曲という形式を通して、はっきりとした対立にまで整理する方法、発展の契機をその中に含む対立としての認識にまでそれを高める方法であるといえる。その時はじめてその戯曲は、力と普遍性とを持った作品として自立する。ドラマトゥルギーは、単なる「術」としてではなくこのような一つの思想としてとらえられなければならない。「［　3　］」というスタニスラフスキーのことばは、ドラマトゥルギーをこのように思想としてとらえた時にのみ理解される。そしてドラマトゥルギーをこのようなものとしてとらえることは、実はすでにアリストテレスの『詩学』の中に出されている考え方なのであった。

意味段落Ⅲ　「『思想』としての『ドラマトゥルギー』の問題」

≫ルール14 読解　「主張」に伴う「根拠」を意識する！

筆者は「主張」する際、読者に納得してもらえるような「根拠」を挙げます。「主張」と「根拠」を合わせて確認しましょう。

主張
ドラマトゥルギーがそのように理解される限り、そこにあるものはつくりものの「劇的」であり、それは本当の「ドラマティック」を意味しない

根拠
AとBとがなにゆえ対立するかという根源的な理由が、そこでは閑却されてしまっているからである

7 そこで問題が二つ出てくる。ルール26 列挙 一つは、日本近代戯曲史の中で、ドラマトゥルギーをこのようなものとしてとらえた作家はきわめて少数しかなかったが、それがなにゆえそうだったのかということ。この問題については別な場所で考えたいので、今はひとことだけいいそえておくと、その少数の作家たちは、過去の日本の少数の「思想家」たちに対比されていいのかも知れない。伝統的な劇作術としてはあの歌舞伎の、順々に事件を並べて行くといういわば絵巻物的な方法しかなかった場所で、ドラマトゥルギーという「外来の思想」を自分のものにするということは、今日想像される以上に困難な仕事であっただろう。

8 だが外来の思想をとり入れるということは、それを特定の「思想家」が理解するということではない。それを日本の思想として新しく日本に生れさせるということである。その思想が日本という場に生きない限り、それはまだ思想と呼ばれるわけには行かないのだ。——というわかり切った問題と、日本の近代劇もまたつき当らなければならなかったというところに、第一のそれよりも重要な第二(列挙)の問題がある。

9 この点については、4 演劇というものが、一般的な思想の問題の問題点をきわめて具体的にあらわしているといえる。演劇は観客がなければ成り立たない。作者は当然観客を予想し、観客の反応を予測しつつ書くが、そのことは、作者が自分自身の感覚なり考えなりで挟める範囲の観客を対象として書くということでしかない。作者がいかに現実をリアルにとらえてき、それを思想にまで高めて打ち出しても、それはその限りでは作者の観念の中の思想に過ぎない。作

≫ ルール26 読解 「数詞」や「場合分け」で列挙されているポイントを押さえる！

→25ページ

「二つの問題」

① 日本近代戯曲史の中で、ドラマトゥルギーを一つの思想としてとらえた作家はきわめて少数しかなかったが、それがなにゆえそうだったのか

・第一のそれよりも重要な第二の問題
外来の思想をとり入れるには、その思想が日本という場に生きなければならないという問題に日本の近代劇もつき当らなければならなかった

←

② 作品が一人一人の観客の中にはいって行った時、作者の観念の中の思想は、そこで生きてはたらき得るかどうか

品が一人一人の観客の中にはいって行った時、作者の観念の中の思想は、そこで生きてはたらき得るかどうかがためされることになる。作品を書くことによって自分を変えて行こうとする作者の努力がまた現実をも変えるはたらきを持ちうるかどうか——そのことを通してのみ作者自身も本当に変ることができるのだが——が、ためされることになる。それが実際にためされるのは、劇場から家に帰った観客たちの生活の中においてだが、意識されないままにでもためされ得る契機がそこに存在する時、その夜の舞台ははじめてドラマティックなものに盛り上るだろう。日本の近代劇は、作者が観念的だとか観客が特定層に限られているとかいう批判をしばしば受けてきたが、そのような批判は、それがなにゆえそうなのかという理由を明らかにし得ない限り無意味なものであった。そしてその理由は、（作者のみの中にあったのでもない。）また（観客のみの中にあったのでもない）。二つが互いに結びつくことによってはじめて共に生きられる場をつくり出す契機が、日本の中になかったといっていい過ぎなら、それがきわめて弱かったということなのである。

ルール9 並列

10 そういう契機の不在証明を、過去の日本の中にくわしくさぐる仕事は、これもほかに場所があるだろう。今は現在の日本の中に、そういう契機の存在証明をさがす仕事が必要である。そしてその存在証明は、まだおぼろげにではあっても、たしかに見いだされるとぼくは思う。

≫ルール9 読解 「並列関係」は並べる事柄とその対応を整理する！

→45ページ

批判
日本の近代劇は、作者が観念的である／観客が特定層に限られている（→作者の観念の中の思想は、観客の中で生きてはたらいていない）

↓

その理由は
作者のみの中にあったのでもない
━ **並列関係**
観客のみの中にあったのでもない

↓

理由
二つ（作者＋観客）が互いに結びつくことによってはじめて共に生きられる場をつくり出す契機が、日本の中できわめて弱かった

読解マップ

意味段落Ⅰ　「フライタークのドラマトゥルギー論」　（1〜3）

「ドラマトゥルギー」＝ドラマというものの基本法則

フライタークのドラマトゥルギー論

・ドラマというものは、二つの力の対立によってつくられる

・戯曲というものは、線で表わすならピラミッド型を描くような構造を持つ

意味段落Ⅱ　「日本ではドラマトゥルギーの理解が不十分であった」　（4〜6）

「ドラマトゥルギー」は日本で「劇作術」と訳されたが、それは「ドラマトゥルギー」に対する理解の不十分さを表している

「劇作術」＝単なる「術」

・集めて来た素材をどのように劇的に処理するかという技術

⇔　対立関係

「ドラマトゥルギー」＝一つの「思想」

・現実の中に入り組んだ対立を、戯曲という形式を通して、はっきりとした対立にまで整理する方法

本文要約

「ドラマトゥルギー」とは現実の中の対立を、戯曲という形式を通して整理する思想であるが、日本では素材をどのように劇的に処理するかという技術として理解されてしまった。「ドラマトゥルギー」を思想として理解した場合、日本の近代劇には観客の中で作者の思想がはたらいていないという批判があるが、それは作者と観客が互いに結びつく契機が、日本の中できわめて弱かったからである。しかし、現在の日本にはその契機を見いだせるだろう。

重要語句

□1ドラマトゥルギー＝戯曲を書くための理論

□3戯曲（ぎきょく）＝演劇の台本。また台本形式で書かれた文学作品

意味段落Ⅲ「『思想』としての『ドラマトゥルギー』の問題」（7〜10）

「二つの問題」

①日本近代戯曲史の中で、ドラマトゥルギーを一つの思想としてとらえた作家はきわめて少数しかなかったが、それがなにゆえそうだったのか

←

伝統的な劇作術としては順々に事件を並べて行くという方法しかなかった場所で、ドラマトゥルギーという「外来の思想」を自分のものにするということは、今日想像される以上に困難な仕事であった

②作品が一人一人の観客の中にはいって行った時、作者の観念の中の思想は、そこで生きてはたらき得るかどうか

←

批判

日本の近代劇は、作者が観念的である／観客が特定層に限られている（→作者の観念の中の思想は、観客の中で生きてはたらいていない）

←

理由

二つ（作者＋観客）が互いに結びつくことによってはじめて共に生きられる場をつくり出す契機が、日本の中できわめて弱かった

□4帰納（きのう）＝具体的な事例から一般的な原理・法則などを導き出すこと
□10錯綜（さくそう）＝物事が複雑に入り混じること
□12カタストロフィ＝劇や小説の大詰め。最後の場面
□33フォーム＝形。型。形式
□37契機（けいき）＝原因。または、きっかけ
□38普遍（ふへん）＝広く全てのものごとに及ぶこと
□60観念（かんねん）＝ものごとに対して頭の中で持っている考えや意識

問1 傍線部内容説明問題 難易度★

≫ルール41→18ページ

今回は傍線部内容説明問題の発展問題です。「解答へのステップ」は変わりませんが、傍線部の内容と反対の内容を説明している文を求められていることに気をつけましょう。

ステップ1 傍線部を含む一文を分析する

そこには、単にAに対してBが勝ったということではない、闘争の結果として生れた一つの「調和」がねがわくはありたいのだが、戯曲というものは、このようにして、線で表わすなら1ピラミッド型を描くような構造を持つと〈フライタークは〉(主語)いう。

傍線部の「ピラミッド型」の内容は、「このようにして」という指示語に注目すればとらえられることがわかります。

ステップ2 解答の根拠をとらえる

1 ……ドラマトゥルギーの古典とされる教科書に、十九世紀にドイツのフライタークが書いたドラマトゥルギー論がある。……

2 フライタークによれば、ドラマというものは、二つの力の対立によってつくられる。そのAとBとの二つの力の対立は、次のような順序で戯曲として展開する。まず最初の導入部で、対立するAとBとの事情が説明されるが、五幕形式の古典戯曲なら、これが第一幕に当る。次にその対立が錯綜(さくそう)しつつ、Aの力が上昇線をたどる第二幕。第三幕は両者が決定的な対決をするいわゆる危機の場面であり、そこでBにやぶれたAは次の第四幕で下降線をたどり、第五幕はいわゆるカタストロフィ、終結の場面である。

……戯曲というものは、このようにして、線で表わすなら1ピラミッド型を描くような構造を持つと〈フライタークは〉いう。

傍線部の「ピラミッド型」とは、フライタークの「ドラマトゥルギー論」の中の「ドラマ（戯曲）」の構造のことです。上昇線をたどってから下降線をたどるので、「ピラミッド型」になるのです。「ピラミッド型」がわかったら、反対の構造を探しましょう。7段落に見つけることができます。

7 ……伝統的な劇作術としてはあの歌舞伎の、順々に事件を並べて行くといういわば絵巻物的な方法しかなかった場所で、ドラマトゥルギーという「外来の思想」を自分のものにするということは、今日想像される以上に困難な仕事であっただろう。

「絵巻物的」という部分が、「ピラミッド型」と対照的な構造を端的に表しています。

ステップ3 解答を決定する

以上より、解答は「伝統的な」となります。

≫ルール46 解法 文整序問題は「解答へのステップ」で解く！

文整序問題の解答へのステップ

ステップ1 並べ替える文を分析する

並べ替える文それぞれについて、「つながりを示す表現」＝「指示語」「接続表現」や「主語（部）」を押さえます。

ステップ2 つなげやすい文からつなげる

ステップ1をもとに、自然なつながりになる並びを考えます。全ての文のつながりがわからなくても解ける問題もあるので、まずはつなげやすい文を探しましょう。

ステップ3 解答を決定する

ステップ2をもとに解答を決めます。

ステップ1 並べ替える文を分析する

① しかも〈それ（主語）は〉、何かの対立を客観的に眺めるということではない。

「しかも」という**添加の接続表現**（→45ページ）と「それ」という指示語があります。また、「Aではない」という「否定」**のフレーム**（→10ページ）に含まれる表現があります。「Aではない」の後には反対の内容である「B」がくることを想定しましょう。

② 〈（主部）対立を含む現実を、いいかえれば現実の中にある対立をとらえることが〉、戯曲を書くという仕事の根本である。

「いいかえれば」という接続表現はこの文中で言い換えを完結させているので、前につなげる文のヒントにはなりません。

③ 〈**主語省略**〉現実の中で、作者が自己の対立者と対決するということである。

この文は主語が省略されています。前に省略された主語があることに注意しましょう。

④ 〈（主部）対立の根源的な理由は〉、もちろんそこから戯曲の素材を得る現実そのものの中にある。

「そこ」という指示語は同じ文にある「対立」を指しているので、前につなげる文のヒントにはなりません。

ステップ2 つなげやすい文からつなげる

② 〈対立を含む現実を、いいかえれば現実の中にある対立をとらえることが〉、戯曲を書くという仕事の根本である。

↓

① しかも〈それは〉、何かの対立を客観的に眺めるということ

ではない。

指示語の指示対象に注目すると、「②→①」という順番が決まります。「それ」の後ろにある「こと」に注目すると、指示対象が探しやすくなります。

≫ ルール52 解法 「指示語」は必ず「指示対象」を確認する！

傍線部や空所を含む一文に「指示語」があったら、その指示対象が解答の根拠となる場合が多いです。必ず「指示対象」を確認しましょう。

また、基本的には指示対象は「前」にありますが、指示対象をとらえる「ヒント」は「後」にあります。このことも覚えておくと、より指示対象がとらえやすくなります。

① しかも〈それは〉、何かの対立を客観的に眺めるということではない。

←

③〈主語省略〉現実の中で、作者が自己の対立者と対決するということである。

「Aではない。B」という「否定」の**フレーム**に当てはめると、①→③という順番が決まります。③の省略された主語は「それは」で、①の「それ」と同じく、②の「対立を含む現実を、いいかえれば現実の中にある対立をとらえること」を指しています。

AとBとがなにゆえ対立するかという根源的な理由が、そこでは閑却されてしまっているからである。

←

④〈対立の根源的な理由は〉、もちろんそこから戯曲の素材を得る現実そのものの中にある。

④は空所の前の文にある「なにゆえ対立するかという根源的な理由」について具体的な内容を示しているので、これが空所の先頭にきます。

ステップ3 解答を決定する

以上より、解答は①となります。並べ方は「④→②→①→③」です。全て並べ替えて、「指示語」「接続表現」が機能しているか、内容のつながりが自然になっているかをチェックしましょう。

問3 空所補充問題 難易度★★

≫ ルール44→50ページ

ステップ1 空所を含む一文を分析する

主部〈「 3 」というスタニスラフスキーのことばは〉、ドラマトゥルギーをこのように思想としてとらえた時にのみ理解される。

「このように」というまとめの指示語が使われているので、前に「ドラマトゥルギー」に関する説明があり、それが根拠となると考えられます。

ステップ2 解答の根拠をとらえる

6 ……ドラマトゥルギー[とは]、現実の中に入り組んだ対立を、戯曲という形式を通して、はっきりとした対立にまで整理する方法、発展の契機をその中に含む対立としての認識にまでそれを高める方法であるといえる。その時はじめてその戯曲は、力と普遍性とを持った作品として自立する。ドラマトゥルギー[は]、単なる「術」として[ではなく][このような]一つの思想としてとらえられなければならない。……

前を見ると、「ドラマトゥルギー」に関する説明があります。そのポイントをまとめると次のようになります。

「ドラマトゥルギー」＝一つの「思想」
- **現実の中に入り組んだ対立を、戯曲という形式を通して、はっきりとした対立にまで整理する方法**
- **発展の契機をその中に含む対立としての認識にまでそれを高める方法**

このポイントをもとにして、解答を選びましょう。

Lesson 6

ステップ3 解答を決定する

以上より、解答は①「戯曲は歴史の弁証法を最もよく反映する芸術の一種である」となります。「弁証法」とは「対立や矛盾を統一することで、高次の結論に至ろうとする思考法」です。「対立」という意味が含まれている選択肢はこれしかありません。

②「種々相」、③「不条理」、④「処世術」、⑤「可能性」はそれぞれ「対立」という意味が含まれていないので、誤りです。

問4 傍線部理由説明問題 難易度★★★

≫ルール43→32ページ

ステップ1 傍線部を含む一文を分析する

この点については、4演劇というものが、一般的な思想の問題の問題点をきわめて具体的にあらわしているといえる。

「演劇というものが」と「一般的な思想の問題の問題点をきわめて具体的にあらわしている」の間に「飛躍」があります。「飛躍」を埋める説明を求めましょう。

ステップ2 解答の根拠をとらえる

9 ……演劇は観客がなければ成り立たない。作者は当然観客を予想し、観客の反応を予測しつつ書くが、……作者がいかに現実をリアルにとらえてき、それを思想にまで高めて打ち出しても、それはその限りでは作者の観念の中の思想に過ぎない。作品が一人一人の観客の中にはいって行った時、作者の観念の中の思想は、そこで生きてはたらき得るかどうかがためされることになる。作品を書くことによって自分を変えて行こうとする作者の努力がまた現実をも変えるはたらきを持ちうるかどうか——そのことを通してのみ作者自身も本当に変ることができるのだが——が、ためされることになる。それが実際にためされるのは、劇場から家に帰った観客たちの生活の中においてだが、意識されないままにでもためされ得る契機がそこに存在する時、その夜の舞台ははじめてドラマティックなものに盛り上るだろう。……

「演劇」は「作品が一人一人の観客の中にはいって行った時、作者の観念の中の思想は、そこで生きてはたらき得るかどうか」がためされるとあります。言い換えると「作品を書くことによって自分を変えて行こうとする作者の努力がまた現実をも変えるはたらきを持ちうるかどうか」がためされるのです。この部分が「一般的な思想の問題の問題点」となります。

「演劇というもの」

＝

・作品が一人一人の観客の中にはいって行った時、作者の観念の中の思想は、そこで生きてはたらき得るかどうかがためされる

・作品を書くことによって自分を変えて行こうとする作者の努力がまた現実をも変えるはたらきを持ちうるかどうかがためされる

←

「一般的な思想の問題の問題点」

「演劇」を観(み)た後、観客の人生において何かが変わってはじめて、「ドラマティック」になるのです。

ステップ3 解答を決定する

以上より、解答は④「演劇は本来、観客の日常生活に働きかけ改変することではじめて劇的効果をあげるので、思想もまた著者の観念が読者と現実を変えるものでなければならないことを具体的にあらわしているから。」となります。後半部分は本文に書かれていないのですが、「演劇」の説明を「思想」に「一般化」した内容となっています。「演劇」が具体で「思想」が一般という関係が傍線部でも確認できるので、「一般化」を使っていると考えてください。

①は「日本では優れた思想を受け入れる読者がごく限られたものでしかない」が誤りです。「読者」が限られているのではなく、「作者と観客（＝読者）が結びつくことではじめて共に生きられる場をつくり出す契機」が弱いのです。

②は「そのことが現実をリアルに捉えなければ思想にまで高められない」が誤りです。本文では「作者がいかに現実をリアルにとらえてき、それを思想にまで高めて打ち出しても、それはその限りでは作者の観念の中の思想に過ぎない」とありました。

③は「古典芸能の伝統から脱皮できないでいる日本の近代劇」が傍線部の「演劇」の説明として誤りです。

⑤は「いつの時代でも読者が著者の問題点を共有できなかった日

本の思想のありかた」という部分が過度な「全体化」をしているため、誤りです。

ルール58 解法
過度の「全体化」をしている選択肢は消去する！

本文の内容を「全て」「あらゆる」「いつでも」などと表現して論の及ぶ範囲を広げる「全体化」をしている選択肢は、本文にそのように書かれていない場合は誤りとなります。本文に少数派や例外がないかどうかを確認しましょう。

問5 内容真偽問題 難易度★★

ルール47→36ページ

ステップ1 本文を通読し、意味段落分けをする

「本文解説」参照

ステップ2 選択肢を分析する（①）

① 〈ドラマトゥルギーということばは〉、単なる「術」としてではなく、現実世界の対立と葛藤を解消するための根源的な思想として理解されなければならない。（主部）

ステップ3 解答の根拠をとらえる（①）

「ドラマトゥルギー」についての説明は意味段落IIにあります。

Lesson 6

6 ……ドラマトゥルギーとは、現実の中に入り組んだ対立を、戯曲という形式を通して、はっきりとした対立にまで整理する方法、発展の契機をその中に含む対立としての認識にまでそれを高める方法であるといえる。……

「現実世界の対立と葛藤を解消するため」とはされていません。①は本文に合致しません。

ステップ2 選択肢を分析する（②）

② AとBの対立の諸相をいかに描いても、それだけではつくりものの「劇的」であり、〈本当の「ドラマティック」は〉対立の根源的な理由を問うことによってしか獲得されない。（主部）

ステップ3 解答の根拠をとらえる（②）

「ドラマティック」についての説明は、意味段落IIにあります。

4 ……技術の適用がうまく行けば、それはなるほど面白い戯曲にはなるだろう。いわゆる「劇的」な場面がそこに展開されることにはなるだろう。だがドラマトゥルギーがそのように理解される限り、そこにあるものはつくりものの「劇的」であり、それは本当の「ドラマティック」を意味しない。AとBとがなにゆえ対立するかという根源的な理由が、そこでは閑却されてしまっているからである。

対立の根源的な理由が扱われないならば、本当の「ドラマティック」ではないのです。ですから、本当の「ドラマティック」は対立の根源的な理由を問うことによってしか獲得されないと言えます。

②は本文に合致します。

ステップ2 選択肢を分析する（③）

③〈戯曲を書く者には〉（主部）、常に現実を客観視することではなく、現実の規範や道徳を批判的に観察し、それに対立して疑いと反抗の叫びをあげる側に立つことが求められている。

ステップ3 解答の根拠をとらえる（③）

「戯曲を書く者」についての説明は、意味段落IIにあります。

6 だが そこで得た問題を、むろん劇作家は制約もなく叫びあげるのではない。それを戯曲というフォームに入れる。……ドラマトゥルギー とは、現実の中に入り組んだ対立を、はっきりとした対立にまで整理する方法、戯曲という形式を通して、発展の契機をその中に含む対立としての認識にまでそれを高める方法であるといえる。……

「現実の規範や道徳」と「対立」するのではなく、「現実の中に入り組んだ対立」を戯曲にするのです。③は本文に合致しません。

ステップ2 選択肢を分析する（④）

④ 戯曲の素材は常に現実にあり、現実の中に入り組んだ対立や葛藤を描くことによって最も効果を発揮するものであるから、日常とかけ離れた空想的な舞台を設定することは難しい。

ステップ3 解答の根拠をとらえる（④）

「現実の中に入り組んだ対立や葛藤」についての説明は、意味段落IIにあります。

6段落に「現実の中に入り組んだ対立」に関して書かれていますが、「日常とかけ離れた空想的な舞台」との因果関係に関しては説明がありません。

≫ ルール59 解法 本文にない因果関係がある選択肢は消去する！

④は本文に合致しません。

ステップ2 選択肢を分析する（⑤）

⑤ これまでの日本の演劇において、ドラマトゥルギーの本質を理解した優れた戯曲を書いたのは少数の作家にすぎないが、〈彼らは〉（主語）思想家としても卓越した評価を得ていた。

ステップ3 解答の根拠をとらえる（⑤）

「彼ら」とは、「ドラマトゥルギーの本質を理解した優れた戯曲を書いた」「少数の作家」です。これについての説明は、意味段落Ⅲにあります。

7 ……日本近代戯曲史の中で、ドラマトゥルギーをこのようなものとしてとらえた作家はきわめて少数しかなかった……その〈少数の作家たちは〉、過去の日本の少数の「思想家」たちに対比されていいのかも知れない。……

「このような」は前の6段落に述べられているドラマトゥルギーの説明（本質）を指します。そして、ドラマトゥルギーの本質を理解していた作家たちについて、「『思想家』たちに対比されていい」とはありますが、「思想家としても卓越した評価を得ていた」という説明はありません。余計な説明が追加された選択肢は誤りとなります。

≫ ルール57 解法 余計な条件や説明が加えられた選択肢は消去する！

⑤は本文に合致しません。

ステップ4 解答を決定する

以上より、解答は②となります。

Lesson 7

解答・解説

▼問題 別冊 49ページ

このレッスンで出てくるルール

ルール30 読解「象徴」は「何を象徴しているか」に着目する！
ルール29 読解「セリフの話者」を補足して読む！
ルール31 読解「心情」をとりまく原因や結果を押さえる！
ルール28 読解「場面の転換」は「時・場所・人物」の変化で見極める！
ルール10 読解「類似」に注目する！
ルール32 読解「心情の変化」を見逃さない！
ルール49 解法 心情把握問題は「解答へのステップ」で解く！⇒問1

解答

問1 (例)翔太の別れの言葉で、両親を寂しがらせたくないと思ったから。(29字)

問2 (例)両親と翔太は元々よそよそしかったので、今後会えなくなってもつらくないということ。(40字)

問3 (例)自分の離婚により、高齢になって寂しく暮らす両親から孫と過ごす楽

しい時間を奪ってしまうことへの申し訳なさがつのったから。（59字）

問4 ㈱両親の離婚話を聞いてからの翔太の態度に戸惑いや申し訳なさを感じていたが、何度も転びながらも前へと走り続ける翔太の姿を見て、頼もしく思うようになった。（74字）

出典：重松清「鷹乃学習」

意味段落Ⅰ　「『私』は離婚により、息子の翔太と別々に暮らすことになった」

ホームは駅舎と繋がった一面だけだが、ずいぶん昔――いま七十歳になった父が子どもの頃には、向かい側にもう一面、貨物の引き込み線用のホームがあったらしい。

電化も複線化もできずじまいで廃線になった路線でも、**かつては急行列車が日に何便も走っていた**。（ルール30）

十年前に亡くなった祖父は、畑仕事のかたわら町役場の職員を定年まで勤め上げた。年に一度か二度、急行列車に乗って、役場の同僚と温泉や海に遠出をするのがなによりの楽しみだったという。

父は、城下町の工業高校に通った。卒業後は、急行列車で大阪に出て、自動車メーカーに勤めたが、都会暮らしは性に合わなかったらしく、母親と結婚すると早々に帰郷して、地方振興局の地元採用職員になった。

私が城下町の普通科高校を卒業したときには、すでにこの路線に急行列車は走っていなかった。二時間に一本あるかないかの鈍行列車も、一輌か、せいぜい二輌編成で、すべて城下町の駅が終点だった。遠くへは行けない。上京したときも、高校時代と同じように鈍行で城下町に

≫ルール30 読解　「象徴」は「何を象徴しているか」に着目する！

小説文の中には抽象的な内容を具体的な形で表す「もの」が登場することがあります。それを「象徴表現」と言います。

象徴表現　「急行列車」

「急行列車が日に何便も走っていた」
▼町の「活気」を象徴している

←

（急行列車が）「廃線になった」
▼町の「活気」が失われたことを象徴している

出て、そこからバスで一時間ほどかけて空港へ向かった。東京の私大に通い、東京で就職をして、結婚もして、子どもをつくり、そして、いま、家族をなくした。

ホームから線路をぼんやり見つめた。レールはまだ撤去されていなかったが、雑草に覆われ、錆でうっすらと赤茶けて、ああ、もう、ここを列車が走ることは永遠にないんだ、というのを実感する。

私から少し離れて線路を覗き込んでいた翔太は、「東京って、どっち?」と訊いてきた。

[ルール29]〈私〉「あっちだ」

私が右を指差すと、翔太のまなざしもそれに倣い、東京のほうに体を向けて、じっと遠くを見つめた。

〈私〉「直接、東京まで行けるわけじゃないんだけど、まあ、大きく見れば、ここから右だ」

返事はなかった。

両親の離婚の話は、もう聞かせている。妻が懇々と説明した。[ルール39]『パパとママはこれから別々に暮らし、パパとはめったに会えなくなるし、もしかしたら新しいパパができるかもしれないけれど、いまのパパがあなたのお父さんだというのは、これからもずうっと変わらないんだから……。』

どこまで理解して、どこまで受け容れたのかはわからない。あとで妻に聞いた。翔太は、黙ってうなずいたらしい。両親が別れる理由を尋ねることも、別れるのを責めることもなく、ただ、

≫ルール29 読解 「セリフの話者」を補足して読む!

小説文では「セリフ」が誰の発言なのかがわからないと物語をうまく読み取ることができないので、「セリフの話者」を補いながら読んでいきましょう。特に「セリフ」が連続する場合は注意しましょう。

≫ルール39 読解 発展 地の文の会話部分には、カギカッコを付けて読む!

地の文と会話文が分かれていない場合があるので、会話文には「カギカッコ」を付けながら読んでいきましょう。

黙って、こくん、と首を前に倒しただけだった、という。

〈私〉「そろそろ行くか、おじいちゃんもおばあちゃんも待ってるぞ」

声をかけると、翔太は遠くを見たまま、「ねえ――」と言った。ルール31 原因【「おじいちゃんとおばあちゃんに、バイバイって言ったほうがいい？」】

〈私〉「言わなくていい、そんなの」

〈翔太〉「でも――」

〈私〉結果【「また会えるんだ、会いたくなったらいつでも会えるんだから、べつにお別れじゃないんだって、そうだろ、だからそんなこと言わなくていいし、言うなよ、おばあちゃん寂しがるから」

(ア)早口になった。】「行くぞ、ほら、行こう」、と車に戻る私を、翔太は黙って追ってきた。

意味段落Ⅱ 「『私』の実家での翔太の最後の夜」

ルール28 場面の転換 夕食のテーブルには、母の心尽くしのご馳走が並んだ。【「田舎のおばあちゃんだから料理が上手につくれない」】、と母は申し訳なさそうに謝ったが、翔太は、【「そんなことないよ美味しいよ」】、とたくさん食べて、お代わりもした。苦手なニンジンも選り分けずに口に運ぶ。子どもなりに気をつかっているのだろう。ルール30 ビールの味が少し苦くなった。

両親も、このたびの帰省がどういう意味を持つのかはわかっている。

≫ ルール31 読解 「心情」をとりまく原因や結果を押さえる！

小説や随筆などの文学的文章では「心情」を中心とした「あらすじ」をとらえる必要があります。心情表現に注意するとともに、「なぜその心情になったのか（原因）」「その心情によって、どういう行動や反応や発言をしたのか（結果）」というところを押さえながら読んでいくと、「あらすじ」がつかめます。

「心情」のフレーム

原因 心情が発生する原因となった事態や事情

← **心情** ←

結果 心情の結果としての行動や反応や発言

母はよくしゃべって、よく笑った。もともとおしゃべり好きなひとではあるのだが、ここまで休む間もなく話していると、明日は血圧が上がって具合が悪くなってしまうかもしれない。

父は、ときどき相槌を打つぐらいで、おしゃべりには加わらなかった。孫と過ごす最後の一晩を、まるごと母に譲り渡したのだろう。仲の良い二人だ。近所や親戚の間でもおしどり夫婦として通っていて、夫婦喧嘩など、少なくとも私が実家にいた高校卒業まで、一度も見たことがなかった。そんな二人の血を引き、夫婦でいたわりあう姿を間近に見てきた息子が、離婚をして、翔太と別れてしまうことになるのを、両親はどう思っているのか。

離婚の経緯は、私は「いろいろあったんだ」としか説明しなかったし、両親も詳しくは問い質さなかった。ただ、父には一言だけ——「翔太の心に傷を残すことはするなよ」と諭された。ふだんなら父の言葉を引き取って、その何倍もしゃべる母が、そのときはなにも言わなかった。お父さんの言ったことをよく嚙みしめなさい、と伝えるように、黙って何度も何度もうなずいていた。

母の携帯電話が鳴った。メールが着信したらしく、画面に目を落としたあと、鼻白んだ様子でため息をついた。

結婚して城下町に住んでいる私の姉からだった。母は何日も前から、今夜顔を出さないかと姉を誘っていた。姉の子ども二人、翔太にとってはイトコになる男の子と女の子も連れて来るよう言ってあったらしい。

原因「おじいちゃんとおばあちゃんに、バイバイって言ったほうがいい？」という翔太の発言

↓

心情 両親を寂しがらせたくない

↓

結果「そんなこと言わなくていいし、言うなよ」早口になった

≫ルール30 読解 「象徴」は「何を象徴しているか」に着目する！

→104ページ

象徴表現「ビールの味」

夕食時、翔太が子どもなりに気をつかっているのを見る

↓

「ビールの味が少し苦くなった」

▼翔太に対する申し訳ない気持ちを象徴している

だが、姉は「いまは忙しくて家を空けられないから」とメールで断ってきた。

母はがっかりしていたが、じつを言うと私はすでに姉から「悪いけど、行かないからね」と告げられていたのだ。

〈姉〉「会わないほうがいいよ」――翔太のために。

〈姉〉「みんなで集まって、にぎやかに盛り上がって、思い出の一晩みたいになると、後々のことを考えるとよくないんじゃない？」

私もそう思う。おじいちゃんとおばあちゃんとは、淡々とお別れをしたほうがいい。川の水が流れるように、ごく自然に遠ざかって、小さくなって、薄れていって、そして忘れていけばいい。

もともとお盆と正月ぐらいしか帰省していなかったので、しょっちゅう会っている姉のところの孫二人とは違って、両親にも翔太にも、微妙なよそよそしさがあった。結局それは解消できないままになってしまったが、(イ)かえってそのほうがお互いによかったんだよ、と自分を納得させた。

母のおしゃべりの話題は、この秋に城下町で開かれるお祭りのことになった。築城百何十周年かの節目を祝って、大名行列が再現されるのだという。

戦国武将や忍者や日本刀が登場するゲームが大好きな翔太は、目を輝かせて「行きたい！」と言いだした。「おばあちゃん、連れてって！」

・バラエティ番組の陽気な笑い声が、思いのほか大きなボリュームで流れてきた

・父も母も耳が遠くなってきたせいだろうか

←「ビールがまた苦みを増してしまう」

▼自分の離婚のせいで年老いた両親に寂しい思いをさせてしまうことへの申し訳ない気持ちを象徴している

「それ（＝総合病院と葬祭ホール）ぐらいしか、にぎやかな場所はない」

＝急行列車も廃線になるような過疎化・高齢化が進む町で、両親は寂しく暮らしている

＋

孫とも会う機会がなくなってしまう

←（コップに残ったビールの）「気の抜けた生温さが、そっくりそのまま苦みになってしまっていた」

▼自分の離婚のせいで年老いて寂しく暮らす両親から「孫とのにぎやかで楽しいひと時」を奪ってしまうという申し訳ない気持ちを象徴している

〈母〉「うん、じゃあ、行こう行こう」

声をはずませて応えた母は、次の瞬間、父の目配せに気づいて、顔をこわばらせた。翔太も、あ、そうか、という表情になって、それきり黙ってしまった。

母はぎごちなく「いま、なにかやってるかな」とひとりごちて、リモコンを手に取ってテレビを点けた。バラエティ番組の陽気な笑い声が、思いのほか大きなボリュームで流れてきた。父も母も耳が遠くなってきたせいだろうか。［ルール30］ビールがまた苦みを増してしまう。

場の空気を変えたくて、ツバメの巣の話をした。駅以外で、どこか巣をつくっていそうな場所を尋ねると、母は総合病院と葬祭ホールの名前を出した。

〈母〉「いまはもう、それぐらいしか、にぎやかな場所はないから」

拗ねたように、ぼそっと言った。

私はコップに残った［ルール30］ビールを空けた。気の抜けた生温さが、(ウ)そっくりそのまま苦みになってしまっていた。

意味段落Ⅲ「親子としての最後の思い出」

［ルール28］翌日、実家をひきあげた足で、母に言われた総合病院に回ってみた。五年前にできた病院の広い駐車場は、高齢者マークをつけた車であらかた埋まっていて、タクシー乗り場もあった。

≫ルール28 読解 「場面の転換」は「時・場所・人物」の変化で見極める！

小説では「場面の転換」に応じて意味段落分けをしていきます。そして、場面の転換は次のようなタイミングで行われます。

「場面の転換」
- □時の変化
- □場所の変化
- □登場人物の変化

「時の変化」とは、基本的には時の経過のことだと考えてください。ただし、時が過去に遡ることもあるので注意しましょう。「回想」など「過去のシーン」はその把握もよく問題として問われます。

「場所の変化」とは、別の場所に移動することです。

「登場人物の変化」とは、新しい登場人物が増えたり、今までいた登場人物が一旦退場することです。

Lesson 7

ツバメの巣は、確かにあった。二階のエアコンの室外機と庇（ひさし）の隙間につくっていた。だが、やはり巣立ちは終わったのだろう、ヒナのいる気配はなく、しばらく待っても親鳥が姿を見せることもなかった。

〈私〉「どうする？　これがツバメの巣なんだけど、空っぽになってるな、もう」

翔太がどうしてもヒナがいるのを見てみたいと言うのなら、「ダメでもともとだぞ」と釘（くぎ）を刺したうえで葬祭ホールにも寄ってみるつもりだったが、正直、気乗りはしない。父や母が亡くなったら、妻はともかく、翔太は告別式に参列させるべきなのだろうか。妻が再婚して、新しいパパのほうのおじいちゃんとおばあちゃんができていたら、連絡をしないほうがいいのだろうか。そんなことも、ゆうべ布団に入ってから、寝付かれないまま、あれこれ考えていたのだ。

〈翔太〉「もういいよ」

もっとも、翔太の反応は意外とあっさりしたものだった。

さばさばと言って、「しょうがないよね、来るのが遅かったんだから」と続ける。かえって私のほうが、翔太の物わかりの良さに戸惑ってしまう。

〈翔太〉「来年、この巣を土台にして、また新しい巣をつくるんだよね」

〈私〉「ああ……」

来年の話が出たとき、ゆうべのことがよみがえって、ひやっとしたが、翔太は巣を見上げて、**「バイバーイ」**、と両手を振った。実家を発（た）つとき［ルール10 類似］**も**、そうだった。玄関の外で見送ってくれた母

≫ルール10 読解

「類似」に注目する！

→29ページ

翔太はツバメのヒナが見られなくてもあっさりした反応で、巣に向かって「バイバーイ」、と両手を振った

≒ **類似**

「私」の実家を発つとき（＝翔太にとっては祖父母との別れとなるとき）、「軽い口調と明るい笑顔」で「バイバーイ」と両手を振った

は涙ぐんでいたし、父も寂しさを隠しきれない顔をしていた。そんな二人に、翔太は、まるで明日も会えるかのような軽い口調と明るい笑顔で、「じゃあね、おじいちゃん、おばあちゃん、元気でね、バイバーイ」と両手を振って、車に向かって駆けだしたのだ。

母の嗚咽（おえつ）は、聞こえていただろうか。車のドアを開け閉めする音に紛れただろうか。父は崩れ落ちそうな母の体を、肩を抱いて支え、もういい、早く行け、あとは心配しなくていいから、と私を手で追い払った。

私はツバメのヒナほど上手に巣立ちはできていなかったのかもしれない。

総合病院の駐車場を出るときに「いまからどうする？」と訊いた。帰りの飛行機にはまだ時間がある。城下町に出てもよかった。石垣と櫓（やぐら）しか残っていない城趾（じょうし）でも、お城の雰囲気ぐらいは味わえるだろう。

だが、翔太は少し遠慮がちに言った。

〈翔太〉「あのね……昨日の駅、もう一回行っていい？」

〈私〉「いいけど？」

〈翔太〉「で、ホームから、線路に下りてもいい？　いいよね？　もう電車走ってないから、だいじょうぶだよね？」

ドラマの主人公が線路を歩いている場面がカッコよかった——いつかテレビで観（み）たことがあ

るのを、昨日、ホームにいるときに思いだしたのだという。

〈翔太〉「ぼくもやってみたいんだけど、いい？」

思いも寄らないリクエストに最初は困惑したが、だめだと言う理由も見つからない。

〈私〉「よし、じゃあ行ってみるか」

おそらく、これが、親子としての最後の思い出になるだろう。

昨日と今日、たった一日しかたっていないのに、駅舎を抜けてホームに出ると、陽射しが目盛り一つぶん強まったのを確かに感じた。蝉時雨も、夏本番に向けて、昨日よりも勢いを増しているように聞こえた。

季節の初めというのは、いつもそうだ。一雨ごとに水温む春、木々の緑が日ごとに濃くなる初夏、ようやく先日終わったばかりの梅雨の時季も、気象庁が梅雨入りを発表すると、たちまち風に湿り気が増してくる。

私は先にホームから線路に下りて、翔太を抱き取ってやろうとした。ところが、翔太は「だいじょうぶだよ、自分で下りるから」と手助けを断った。

〈私〉「けっこう高いぞ、無理するなよ」

〈翔太〉「へーき、へーき、ぜーんぜんオッケー」

とは言いながら、いざホームの端に立つと見るからに身がすくみ、膝を折り曲げてしまう。

≫ ルール32 読解
「心情の変化」を見逃さない！

登場人物の心情は常に一定とは限りません。あることをきっかけとして「変化」していくことがあります。その「心情の変化」はあらすじの上でとても重要なので、きちんととらえられるようにしておきましょう。心情は「プラス心情からマイナス心情へ」あるいは「マイナス心情からプラス心情へ」のように反対の性質のものへと変化します。

「心情の変化」のフレーム

心情A　変化する前の心情

↓

変化の原因

↓

心情B　変化した後の心情

「足元も悪いし、ほら、パパが下ろしてやるって」と私は両手を掲げて、翔太を迎え入れる体勢をとった。

ルール32 変化の原因 〈翔太〉

【「だいじょうぶ！　できる！」

翔太は甲高い声をあげるのと同時に、曲げた膝をバネにして、線路に飛び下りた、というより、落ちた。

着地すると、線路に敷き詰めた砂利が崩れ、体が傾(かし)いだ。足だけでは支えられずに、膝をつき、手をついて、四つん這(ば)いになった。危なかった。もうちょっとバランスが崩れていたら、顔から砂利に突っ込んでしまったかもしれない。

だが、とにかく、翔太は自分一人で線路に下りた。私は思わず「手とか膝、擦りむいてないか？」と訊きそうになったが、体を起こした翔太は、ほら、できたでしょ、と言いたげに、私にニッと笑った。

走りだす。駅舎を背にして、右——東京の方角に向かって。

何歩か進むと、また足元の砂利が崩れて、転びそうになる。つんのめって、四つん這いになって、また起き上がって走りだす。

何度も転んだ。砂利ではなくレールに膝をぶつけそうになったこともあった。砂利のとがったところに手をついてしまったのか、起き上がったあと、手のひらを口元にあてているときも

翔太の様子
・ツバメのヒゲが見られなくてもあっさりした反応
・祖父母との別れの場でも明るくふるまっていた

← **心情A**　翔太の態度への戸惑い

← 翔太の希望で「昨日の駅」に行く

← **変化の原因**　自力で線路に下り、何度も転びながらも振り向かずに前へと走り続ける翔太の姿

← **心情B**　翔太を頼もしく思った

← **結果**　遠ざかる息子の背中を、じっと見つめた

あった。息を吹きかけて痛みをこらえていたのか、あるいは、にじんだ血を吸っていたのかもしれない。

それでも、翔太は私を振り向かなかった。立ち止まることもなかった。前に、前に、遠くへ、遠くへ、走っては転び、起き上がっては走り、また転んでは起き上がって、走りつづけた。】

私はふと我に返り、翔太を追いかけてしばらく走ったが、途中でやめた。

はずむ息を整えながら、(エ)遠ざかる息子の背中を、じっと見つめた。

夏の陽射しが、線路の上に陽炎(かげろう)をたちのぼらせる。翔太の背中がゆらゆらと揺れる。

昔、ここには急行列車が走っていたのだ。［ルール30］

≫ルール30 「象徴」は「何を象徴しているか」に着目する！ 読解

→104ページ

象徴表現「急行列車」

「昔、ここには急行列車が走っていたのだ」

▼町の「活気」を象徴している

→かつての町の「活気」と翔太の「前向き」な姿を重ね合わせています。

本文要約

「私」は離婚により、息子の翔太と別々に暮らすことになった。翔太が離婚についてどこまで理解して、受け容れたのかはわからなかった。「私」の実家での最後の夜、翔太や両親の様子を見ながら、「私」は申し訳なく思った。翌日、翔太は線路を走ってみたいと言い出した。心配する「私」をよそに、翔太は転びながらも前へと走りつづける。「私」は翔太を頼もしく思い、その背中を見つめた。

読解マップ

意味段落Ⅰ　「『私』は離婚により、息子の翔太と別々に暮らすことになった」

翔太が両親の離婚についてどこまで理解して、どこまで受け容れたのかはわからない

↓

翔太は「私」の両親に別れを告げた方が良いか尋ねたが、「私」は伝える必要はないと遮った

意味段落Ⅱ　「『私』の実家での翔太の最後の夜」

象徴表現　「ビールの味」

・翔太が子どもなりに気をつかっている
・年老いて寂しく暮らす両親が孫と会えなくなる

↓

「ビールが苦い」

▼翔太（息子）や両親に対する「私」の申し訳ない気持ちを象徴している

意味段落Ⅲ　「親子としての最後の思い出」

翌日、実家を出て翔太と「総合病院」へツバメの巣を見に行く

翔太の様子

・ツバメのヒナが見られなくてもあっさりした反応
・祖父母との別れの場でも明るくふるまっていた

↓

心情A　翔太の態度への戸惑い

↓

翔太の希望で「昨日の駅」に行く

↓

変化の原因

自力で線路に下り、何度も転びながらも振り向かずに前へと走り続ける翔太の姿

↓

心情B　翔太を頼もしく思った

↓

結果　遠ざかる息子の背中を、じっと見つめた

設問解説

問1 心情把握問題　難易度★★

記述問題は、問われている内容に合う「解答へのステップ」を利用して解いていきましょう。

≫記述ルール→7ページ

≫ルール49 解法 心情把握問題は「解答へのステップ」で解く！

心情把握問題の解答へのステップ

ステップ1 傍線部を含む一文を分析する
「主語（部）」や「接続表現」、「わかりにくい表現」＝「指示語」「比喩表現」「個人言語」を押さえます。

ステップ2 解答の根拠をとらえる
ステップ1で押さえた「主語（部）」などを手がかりに、登場人物の「心情」やその「原因」、心情の「結果」をとらえます。

ステップ3 解答を決定する
ステップ2でとらえた根拠をもとに解答を決めます。

心情把握問題は登場人物の「心情」をとらえる問題です。「どういうことか」「なぜか」「心情を説明せよ」というようにあらゆる問い方があります。心情の「原因」となる事態・事情と、心情の「結果」となる行動・反応・発言とセットで、「心情」をとらえましょう。

また、心情表現が本文に書かれていない場合もあります。その場合は「原因」と「結果」から推察しましょう。

ステップ1 傍線部を含む一文を分析する

省略された主語
〈私は〉(ア)早口になった。

傍線部は、「私」の「心情」の「結果」としての行動となっています。「私」の「心情」と、その「心情」の「原因」を求めましょう。

ステップ2 解答の根拠をとらえる

声をかけると、翔太は遠くを見たまま、「ねえ――」と言った。
〈翔太〉「おじいちゃんとおばあちゃんに、バイバイって言ったほうがいい？」
〈私〉「言わなくていい、そんなの」
〈翔太〉「でも――」
〈私〉「また会えるんだ、会いたくなったらいつでも会えるんだから、べつにお別れじゃないんだって、そうだろ、だからそんなこと言わなくていいし、言うなよ、おばあちゃん寂しがるから」(ア)早口になった。「行くぞ、ほら、行こう」、と車に戻る私を、翔太は黙って追ってきた。

傍線部の前に「原因」となる翔太の発言と、それに対する私の発言があり、「心情」を推察することができます。**「心情」のフレーム**（→106ページ）に沿ってまとめると次のようになります。

原因「おじいちゃんとおばあちゃんに、バイバイって言ったほうがいい?」という翔太の発言

↓

心情 両親を寂しがらせたくない

↓

結果「そんなこと言わなくていいし、言うなよ」早口になった

別れの言葉を翔太の口から聞かせることで「両親を寂しがらせたくない」という「心情」から「早口」になったのだとわかります。

ステップ3 解答を決定する

以上より、解答例は「翔太の別れの言葉で、両親を寂しがらせたくないと思ったから。」(29字) となります。

ポイントは、①原因「翔太の別れの言葉」、②心情「両親を寂しがらせたくない」の二点です。

問2 傍線部内容説明問題 難易度★

≫ルール41→18ページ
≫記述ルール→7ページ

ステップ1 傍線部を含む一文を分析する

結局それは解消できないままになってしまったが、(イ)かえってそのほうがお互いによかったんだよ、と自分を納得させた。

指示語「その」と「それ」の指示対象を求めましょう。

ステップ2 解答の根拠をとらえる

もともとお盆と正月ぐらいしか帰省していなかったので、……

両親にも翔太にも、微妙なよそよそしさがあった。

結局それは解消できないままになってしまったが、(イ)かえってそのほうがお互いによかったんだよ、と自分を納得させた。

「その」の指示対象「それは解消できないままになってしまった」が、「それ」という別の指示語を含む形となっています。

≫ルール62 解法 発展 「二重の指示語」があったら、さらに指示対象を探す!

→50ページ

「それ」は「両親にも翔太にも、微妙なよそよそしさがあった」ことを指します。「よそよそしさが解消できない」というのはマイナスの内容なので、解消できないほうが「お互いによかった」というのは一見すると矛盾しているように思えます。

しかし、『私』の離婚により両親と翔太が会うことはなくなるという状況においては、「よそよそしさ」があったほうが、つらくは

ありません。ですから、「よかった」と言えるのです。

両親と翔太は元々よそよそしかった

←

今後会えなくなってもつらくない

←

お互いによかった

ステップ3　解答を決定する

以上より、解答例は「両親と翔太は元々よそよそしかったので、今後会えなくなってもつらくないということ。」（40字）となります。

ポイントは、①「両親と翔太が元々よそよそしかったので」、②「今後会えなくなってもつらくない」の二点です。

問3　心情把握問題　難易度★★

≫ルール49→116ページ
≫記述ルール→7ページ

ステップ1　傍線部を含む一文を分析する

（主部）〈気の抜けた生温さが〉、(ウ)そっくりそのまま苦みになってしまっていた。

「私」の「心情」の「結果」、「苦み」を感じていることに注目します。「私」の「心情」と、その「原因」をとらえましょう。

ステップ2　解答の根拠をとらえる

夕食のテーブルには、母の心尽くしのご馳走が並んだ。「田舎のおばあちゃんだから料理が上手につくれない」、と母は申し訳なさそうに謝ったが、翔太は、「そんなことないよ美味しいよ」、とたくさん食べて、お代わりもした。苦手なニンジンも選り分けずに口に運ぶ。子どもなりに気をつかっているのだろう。ビールの味が少し苦くなった。

……

母はぎごちなく「いま、なにかやってるかな」とひとりごちて、リモコンを手に取ってテレビを点けた。バラエティ番組の陽気な笑い声が、思いのほか大きなボリュームで流れてきた。父も母も耳が遠くなってきたせいだろうか。ビールがまた苦みを増してしまう。

場の空気を変えたくて、ツバメの巣の話をした。駅以外で、どこか巣をつくっていそうな場所を尋ねると、母は総合病院と葬祭ホールの名前を出した。

〈母〉「いまはもう、それぐらいしか、にぎやかな場所はないから」

拗ねたように、ぼそっと言った。

私はコップに残ったビールを空けた。気の抜けた生温さが、(ウ)そっくりそのまま苦みになってしまっていた。

傍線部の「苦み」はビールの味だとわかります。「ビールが苦い」という状況は、傍線部を含めて本文中に三回あります。それぞれ「原因」となる事態をとらえましょう。また、「原因」と「結果」から、「心情」を推察しましょう。

原因 翔太が「私」の両親に対して「子どもなりに気をつかっている」様子

↓

心情 自分の離婚が原因で翔太に気をつかわせてしまっているので、「申し訳ない」（マイナス）

↓

結果 「ビールの味が少し苦くなった」（マイナス）

原因 「父も母も耳が遠くなってきたせい」でテレビのボリュームが大きくなっていること

↓

心情 自分の離婚のせいで「年老いた両親」に「翔太との別れ」による「寂しさ」を味わわせてしまい、「申し訳ない」（マイナス）

↓

結果 「ビールがまた苦みを増してしまう」（マイナス）

「ビールの味（苦み）」が「私」の「申し訳ない」という気持ちを象徴するものであることが読み取れます。傍線部も同じようにとらえることができます。

原因 母が「いまはもう、それ（＝総合病院と葬祭ホール）ぐらいしか、にぎやかな場所はないから」と拗ねたように言ったこと

↓

心情 自分の離婚のせいで年老いて寂しく暮らす両親から「孫とのにぎやかで楽しいひと時」を奪ってしまい、「申し訳ない」（マイナス）

↓

結果 ビールの生温さが「そっくりそのまま苦みになってしまっていた」（マイナス）

「ビールが苦い」という状況が重なるごとに、より強い苦さ（＝申し訳なさ）を感じていることも押さえましょう。

ステップ3 解答を決定する

以上より、解答例は「自分の離婚により、高齢になって寂しく暮らす両親から孫と過ごす楽しい時間を奪ってしまうことへの申し訳なさがつのったから。」（59字）となります。

ポイントは、①「自分の離婚により、高齢になって寂しく暮らす両親から孫と過ごす楽しい時間を奪ってしまう」、②「申し訳なさがつのった」の二点です。

問4 心情把握問題 難易度★★★

≫ルール49→116ページ
≫記述ルール→7ページ

ステップ1 傍線部を含む一文を分析する

（省略された主語）〈私は〉はずむ息を整えながら、(エ)遠ざかる息子の背中を、じっと見つめた。

「遠ざかる息子の背中を、じっと見つめた」という部分が「心情」の「結果」の行動となっています。「私」の「心情」と、その「原因」をとらえましょう。

また、設問で指示されているように、「本文全体」から「『私』の翔太に対するまなざしの変化」（心情の変化）を読み取りましょう。

ステップ2 解答の根拠をとらえる

意味段落I

両親の離婚の話は、もう聞かせている。妻が懇々（こんこん）と説明した。

……

どこまで理解して、どこまで受け容（い）れたのかはわからない。あとで妻に聞いた。翔太は、黙ってうなずいたらしい。両親が別れる理由を尋ねることも、別れるのを責めることもなく、ただ、黙って、こくん、と首を前に倒しただけだった、という。

意味段落II

夕食のテーブルには、母の心尽くしのご馳走（ちそう）が並んだ。「田舎のおばあちゃんだから料理が上手につくれない」、と母は申し訳なさそうに謝ったが、翔太は、「そんなことないよ美味（おい）しいよ」、とたくさん食べて、お代わりもした。苦手なニンジンも選（よ）り分けずに口に運ぶ。子どもなりに気をつかっているのだろう。ビールの味が少し苦くなった。

意味段落III

……やはり巣立ちは終わったのだろう、ヒナのいる気配はなく、しばらく待っても親鳥が姿を見せることもなかった。……

もっとも、翔太の反応は意外とあっさりしたものだった。

〈翔太〉「もういいよ」

さばさばと言って、「しょうがないよね、来るのが遅かったんだから」と続ける。かえって私のほうが、翔太の物わかりの良さに戸惑ってしまう。

……翔太は巣を見上げて、「バイバーイ」、と両手を振った。実家を発（た）つときも、そうだった。玄関の外で見送ってくれた母は涙ぐんでいたし、父も寂しさを隠しきれない顔をしていた。そんな二人に、翔太は、まるで明日も会えるかのような軽い口調と明るい笑顔で、「じゃあね、おじいちゃん、おばあちゃん、元気でね、バイバーイ」と両手を振って、車に向かって駆けだしたのだ。

離婚話に黙ってうなずいただけであることや、ツバメのヒナが見られなかったときのあっさりした反応、祖父母との別れ際の「軽い口調と明るい笑顔」から、「私」は翔太の心境がわからず、戸惑っています。また、意味段落IIの場面では問3で見たように申し訳なさも感じています。

続いて、傍線部を含む線路の場面を確かめましょう。

……翔太は「だいじょうぶだよ、自分で下りるから」と手助けを断った。

……とにかく、翔太は自分一人で線路に下りた。私は思わず「手とか膝、擦りむいてないか？」と訊きそうになったが、体を起こした翔太は、ほら、できたでしょ、と言いたげに、私にニッと笑った。

……

それでも、翔太は私を振り向かなかった。立ち止まることもなかった。前に、前に、遠くへ、遠くへ、走っては転び、起き上がっては走り、また転んでは起き上がって、走りつづけた。

私はふと我に返り、翔太を追いかけてしばらく走ったが、途中でやめた。

はずむ息を整えながら、(エ)遠ざかる息子の背中を、じっと見つめた。

……

昔、ここには急行列車が走っていたのだ。

手助けを断って自力で線路に下り、転んでは起き上がって前へと走り続ける翔太を見て、「私」がどのように感じたか考えましょう。**「本文解説」**で示したように、町の「活気」を象徴する「急行列車」と翔太の「前向き」な姿を重ね合わせていることから、翔太に対するプラスの心情を読み取ることができます。戸惑いや申し訳なさといったマイナスの心情から、プラスの心情への変化をとらえることができれば、解答を書くことができます。

心情A　翔太の態度への戸惑い、申し訳なさ

↓

変化の原因
自力で線路に下り、何度も転びながらも振り向かずに前へと走り続ける翔太の姿

↓

心情B　翔太を頼もしく思った

↓

結果　遠ざかる息子の背中を、じっと見つめた

ステップ3　解答を決定する

以上より、解答例は「両親の離婚話を聞いてからの翔太の態度に戸惑いや申し訳なさを感じていたが、何度も転びながらも前へと走り続ける翔太の姿を見て、頼もしく思うようになった。」（74字）となります。

ポイントは、①「両親の離婚話を聞いてからの翔太の態度に戸惑いや申し訳なさを感じていた」、②「何度も転びながらも前へと走り続ける翔太の姿」、③「頼もしく思うようになった」の三点です。「心情A（変化前）」と「変化の原因」と「心情B（変化後）」の三点を押さえましょう。

Lesson 8

解答・解説

▼問題 別冊 61ページ

このレッスンで出てくるルール

ルール1 読解「は」で強調されている「主題」に注目する！
ルール4 読解「対立関係」を整理して「主張」や「重要な情報」をとらえる！
ルール14 読解「主張」に伴う「根拠」を意識する！

解答

問1 (例)良い批評家とは、芸術家や作品を評価するうえで、自分の考えを絶対化せず、評価における自分の好みや主観的傾向を意識して、自分とは異なる考えを持つ読者を納得させる必要があるから。(86字)

問2 (例)批評とは対象を鑑定し評価し分類して、その核心について端的な言葉で的確に特性指摘するものであるため、なんら特性を表さない言葉で表現することは批評するのを諦めることだということ。(87字)

問3 (例)批評は芸術作品の解説ではなく、対象の核心を言葉で表現した一つの作品であり、言葉による他の芸術と同様に読者によって様々な受け止め

方がなされるものだから。（75字）

出典：吉田秀和（よしだひでかず）「音を言葉でおきかえること」

意味段落Ⅰ 「良い批評家とは他人を納得させるための手間をかける人」

1 批評家**とは**（ルール1 主題）批評を書いて暮らすのを業とする人間というにすぎない。音楽評論家になりたければ、まず音楽を勉強することです。現に最近の音楽批評家には音楽大学で楽理とか音楽学とかを修めた人もボツボツ見かける。わが国の既成の評論家にそういう経歴の人が少ないのは、これらの学科が戦後の産物だからにすぎない。

2 **だが**、それだけですべてがきまりはしない。それに批評家といっても、その中にいろいろと良否の別がある。

3 その違いはどこにあるか。**私の思うに**、芸術家や作品を評価するうえで自分の考えをいつも絶対に正しいと思わず、**むしろ**自分の好みや主観的傾向を意識して、それを、いうなれば、読者が「そういえばそうだな」と納得できる道具に変える心構えと能力のある人が批評家なのではなかろうか。論議が正しくなければ困るのだが、自分がいつも正しいと限らないことをわきまえた人でないと、他人を説得し、納得させるために、自分の考えを筋道たてて説明したり、正当化につとめたり検討したり訂正したりという（1）手間をかける気にならないのではないか。これをしない人は、たとえ音楽の天才であり大理論家であっても、批評家**ではない**のではない

ルール1 読解

「は」で強調されている「主題」に注目する！

→25ページ

「批評家」とは

・批評を書いて暮らすのを業とする人間というにすぎない

↓

批評家にも「良否の別」がある

↓

「良い批評家」

・自分がいつも正しいと限らないことをわきまえた人

・他人を納得させるための手間をかける人

か。

意味段落Ⅱ　「すぐれた批評家は対象の核心を簡潔な言葉でいいあてる」

4 また批評家はすべて言葉を使うわけだが、〔主張〕【すぐれた批評家とは対象の核心を簡潔な言葉でいいあてる力がなければならない。名批評家とは端的な言葉で的確に特性指摘のできる人をさすと、私は近年ますます考えるようになってきた。】〔具体例〕（モーツァルトを「耳におけるシェイクスピア的恐怖」と呼んだスタンダールだとか、シューベルトの大交響曲を「天国的長さ」と呼んだシューマンだとかがその典型的な例で、後世にとっては、そういう言葉をはなれて、その対象を考えるのがむずかしくなってしまったくらいである。ベートーヴェンのソナタに勝手に《月光ソナタ》という名をつけた人物もその一人かもしれない。）

5 しかし、これはまた、対象に一つの枠をはめてしまい、作品を傷つけることにもなる。そのために、〔具体例〕（たとえば凡庸な演奏家はますますそのレッテルにふさわしい演奏を心がけ、凡庸な批評家はその角度からしか作品を評価できなくなる。）ということは〔ルール4〕逆に、すぐれた演奏家なら既成概念をぶちこわし、作品を再び生まれたこの無垢（むく）の姿に戻そうとするだろう。こうして、批評は新しい行動を呼びさますきっかけにもなりうるわけである。

6 しかし、いずれにしろ元来が鑑定し評価し分類する仕事から離れるわけにいかない批評にとっては、音を言葉でおきかえる過程で、「レッテルをはるやり方」からまぬがれるのは至難の

≫ルール4　読解
「対立関係」を整理して「主張」や「重要な情報」をとらえる！

→10ページ

・すぐれた批評家とは対象の核心を簡潔な言葉でいいあてる力がなければならない
・名批評家とは端的な言葉で的確に特性指摘のできる人

←

㊀批評は対象に一つの枠をはめてしまい、作品を傷つけることにもなる

⇔ 対立関係

㊉批評は新しい行動を呼びさますきっかけにもなりうる

業（わざ）となる。音楽批評、音楽評論とは、音楽家や音楽作品を含む「音楽的事物」「音楽的現象」に言葉をつける仕事、名前を与える作業にほかならない。別の言い方をすれば、ある作品を「美しい」とか、ある演奏を「上手だ」とかいう無性格な中性的な言葉で呼ぶのは、(2)批評の降伏の印にほかならない。

意味段落Ⅲ　「批評は作品の解説ではなく、それ自身が一つの作品である」

7 譲歩（だが音楽批評に限らず、およそ美術、演劇、文学等の批評一般にまつわる誤解の中でも、批評を読めば作家なり作品なりがわかりやすくなるだろうという考えほど広く流布しているものはなかろう。）ルール4 しかし 主張【批評は解説ではない】。ルール14 根拠（私は前に対象の核心を端的にいいあてる力と書いたが、作品そのものはけっして核心だけでできているのではない。）具体例（核心だけできこうとすると『月光ソナタ』や『運命交響曲』になってしまうのであり、その時、作品は別のものでしかなくなる。）

8 主張【批評は作品を、作家を理解するうえで、役に立つと同じだけ、邪魔をするだろう。】根拠（それは批評がそれ自身、一つの作品だからである。）では批評は何の役に立つのか？　批評は、言葉によるほかの芸術と同じように、読まれ、刺激し、反発され、否定され、ときに共感され、説得に成功し等々のために、そこにある何かにすぎない。そうして、(3)批評のほうが、その対象よりわかりやすいと考えるのは、真実に反する。

≫ルール4　読解
「対立関係」（筆者↔一般論）を整理して「主張」や「重要な情報」をとらえる！
→10ページ

筆者は自説を強調するときに「一般的に考えられている説（一般論）」を引き合いに出すことがあります。「一般論」と「筆者の主張」という「対立関係」に注意しましょう。

≫ルール14　読解
「主張」に伴う「根拠」を意識する！
→89ページ

一般論
批評を読めば作家なり作品なりがわかりやすくなるだろう

↔ 対立関係

主張
批評は作品の解説ではない

根拠
作品は核心だけでできているのではない

主張

批評は作品を、作家を理解するうえで、役に立つと同じだけ、邪魔をする

根拠

批評はそれ自身、一つの作品だから

読解マップ

意味段落Ⅰ 「良い批評家とは他人を納得させるための手間をかける人」（1〜3）

「良い批評家」
・自分がいつも正しいと限らないことをわきまえた人
・他人を納得させるための手間をかける人

意味段落Ⅱ 「すぐれた批評家は対象の核心を簡潔な言葉でいいあてる」（4〜6）

・すぐれた批評家とは対象の核心を簡潔な言葉でいいあてる力がなければならない
・名批評家とは端的な言葉で的確に特性指摘のできる人
↓
㊀批評は対象に一つの枠をはめてしまい、作品を傷つけることにもなる
⇔ **対立関係**
㊉批評は新しい行動を呼びさますきっかけにもなりうる

いずれにしろ 音を言葉でおきかえる過程で、「レッテルをはるやり方」からまぬがれるのは至難の業

本文要約

「批評家」とは批評を書くことで生計をたてる人間だが、批評家にも良否の別はある。良い批評家とは自分がいつも正しいと限らないことをわきまえたうえで、他人を納得させるための手間をかける人のことである。すぐれた批評家は対象の核心を簡潔な言葉でいいあてるが、これは本来多面的な作品に対して一面的な見方をさせてしまうことにもなる。批評は作品の解説ではなく、それ自体が一つの作品なのである。

重要語句

□1 批評（ひひょう）＝ものごとの長所や短所を挙げて、その価値を評価すること
□8 主観（しゅかん）＝自分だけのものの見方
□16 特性（とくせい）＝そのものにしかない性質のこと
□23 凡庸（ぼんよう）＝すぐれた点がないこと。平凡

意味段落Ⅲ「批評は作品の解説ではなく、それ自身が一つの作品である」（7〜8）

一般論 批評を読めば作家なり作品なりがわかりやすくなるだろう

⇔ **対立関係**

主張 批評は作品の解説ではない

根拠 作品は核心だけでできているのではない

主張 批評は作品を、作家を理解するうえで、役に立つと同じだけ、邪魔をする

根拠 批評はそれ自身、一つの作品だから

設問解説

問1 傍線部理由説明問題　難易度★★★

≫ルール43→32ページ
≫記述ルール→7ページ

記述問題は、問われている内容に合う「解答へのステップ」を利用して解いていきましょう。

解答欄は、一行あたり35字を目安と考えてください。

ステップ1　傍線部を含む一文を分析する

論議が正しくなければ困るのだが、自分がいつも正しいと限らないことをわきまえた人でないと、他人を説得し、納得させるために、自分の考えを筋道たてて説明したり、正当化につとめたり検討したり訂正したりという(1)手間をかける気にならないのではないか。

「自分がいつも正しいと限らないことをわきまえた人」と「手間をかける」の間に「飛躍」があるので、その「飛躍」を埋める説明を求めましょう。

ステップ2　解答の根拠をとらえる

設問文で「良い批評家はどうして手間をかけるのですか」と聞かれています。「**本文解説**」で示したように「良い批評家」＝「自分がいつも正しいと限らないことをわきまえた人」です。「良い批評家」についての説明を確かめましょう。

2 ……批評家といっても、その中にいろいろと良否の別がある。
3 その違いはどこにあるか。私の思うに、芸術家や作品を評価するうえで自分の考えをいつも絶対に正しいと思わず、むしろ自分の好みや主観的傾向を意識して、それを、いうなれば、読者が「そういえばそうだな」と納得できる道具に変える心構えと能力のある人が批評家なのではなかろうか。論議が正しくなければ……

傍線部の前の文で「良い批評家」のことが説明されています。この部分をもとにして解答しましょう。

「自分がいつも正しいと限らないことをわきまえた人」
＝**「良い批評家」**
- **自分の考えをいつも絶対に正しいと思わず**
- **自分の好みや主観的傾向を意識して**
- **読者が「そういえばそうだな」と納得できる道具に変える**

←
「手間をかける」

「良い批評家」の説明は三点に分けられます。それぞれ解答にふさわしい形にしましょう。

「自分の考えをいつも絶対に正しいと思わず」という部分は、「自分の考えを絶対化せず」というように圧縮すると良いでしょう。

≫ルール64 解法 難関 長い説明は「語彙力」を使って表現圧縮をする！

「語彙力」を使って表現圧縮するという方法は、難関大では必要になることが多いです。長い説明を端的に言い換えられる言葉がすぐ思い浮かぶように、日頃から「語彙力」を鍛えておきましょう。圧縮でよく使う語彙は、読解の上でも覚えておくと役立ちます。

「読者が『そういえばそうだな』と納得できる道具に変える」という部分は、「読者」の説明が必要です。また、「道具に変える」は比喩表現なので、何を表現しているのか確かめる必要があります。

傍線部を含む一文に、「他人を説得し、納得させるために、自分の考えを筋道たてて説明したり、正当化につとめたり検討したり訂正したり」と「手間をかける」について詳しく説明されています。「読者」とは、批評家にとって、説得すべき「他人」であり、「道具に変える」とは「自分の考えを……訂正したりという手間をかける」ことをたとえた表現だとわかります。

以上をふまえて、「自分とは異なる考え方を持つ読者を納得させるために手間をかける」というように、「飛躍」を埋める「補足説明」をしましょう。

≫ルール65 解法 難関 自分の言葉で「飛躍」を埋める「補足説明」をする！

「手間をかける」の部分は解答に入れる必要がないので、その前までの部分を他の二点と合わせてまとめると解答を書くことができます。

ステップ3 解答を決定する

以上より、解答例は「良い批評家とは、芸術家や作品を評価するうえで、自分の考えを絶対化せず、評価における自分の好みや主観的傾向を意識して、自分とは異なる考えを持つ読者を納得させる必要があるから。」（86字）となります。

ポイントは①「芸術家や作品を評価するうえで、自分の考えを絶対化せず」、②「評価における自分の好みや主観的傾向を意識して」、③「自分とは異なる考えを持つ読者を納得させる」の三点です。

問2 傍線部内容説明問題 難易度★★

≫ルール41→18ページ
≫記述ルール→7ページ

ステップ1 傍線部を含む一文を分析する

別の言い方をすれば、〈ある作品を「美しい」とか、ある演奏を「上手だ」とかいう無性格な中性的な言葉で呼ぶのは〉（主部）、（2）批評（比喩）

の降伏）の印にほかならない。

傍線部の「批評の降伏」は比喩表現なので、その説明を求めましょう。

ステップ2 解答の根拠をとらえる

4 また批評家はすべて言葉を使うわけだが、すぐれた批評家とは対象の核心を簡潔な言葉でいいあてる力がなければならない。名批評家とは端的な言葉で的確に特性指摘のできる人をさすと、私は近年ますます考えるようになってきた。……

……

6 ……元来が鑑定し評価し分類する仕事から離れるわけにいかない批評にとっては、音を言葉でおきかえる過程で、「レッテルをはるやり方」からまぬがれるのは至難の業となる。音楽批評、音楽評論とは、音楽家や音楽作品を含む「音楽的事物」「音楽的現象」に言葉をつける仕事、名前を与える作業にほかならない。別の言い方をすれば、〈ある作品を「美しい」とか、ある演奏を「上手だ」とかいう無性格な中性的な言葉で呼ぶのは〉、(2)批評の降伏の印にほかならない。

「別の言い方をすれば」に注目して前文を見ると、批評は「鑑定し評価し分類する仕事」であり、音楽批評とは「音楽家や音楽作品を含む『音楽的事物』『音楽的現象』に言葉をつける仕事、名前を与える作業」とあります。「言葉をつける仕事、名前を与える作業」だけでは、なぜ「無性格な中性的な言葉で呼ぶ」のが「批評の降伏の印」になるのかわかりません。そこで、「批評」についてさらに説明を求めると、4段落に「対象の核心を簡潔な言葉でいいあてる」「端的な言葉で的確に特性指摘のできる」とあります。この「特性指摘」という部分が、「無性格な中性的な言葉で呼ぶ」とは明確に異なるとわかります。両者の「差異」をまとめると次のようになります。

「批評」
対象の核心について簡潔な言葉で的確に特性指摘する

⇔ 対立関係（差異）

「批評の降伏の印」
対象を無性格な中性的な言葉で呼ぶ

「特性」という部分と「無性格」「中性的」という部分が対立していることがわかれば、「批評の降伏」という比喩表現が説明できます。「批評」とは対象にその「特性」を表す言葉をつける仕事なので、何の特性も表さない「無性格」「中性的」な言葉をつけるのでは「批評」になりません。「批評の降伏」とは、「批評」するのを諦めることであると言えます。

「批評の降伏」＝「批評」するのを諦めること

ステップ3 解答を決定する

以上より、解答例は「批評とは対象を鑑定し評価し分類して、その核心について端的な言葉で的確に特性指摘するものであるため、なんら特性を表さない言葉で表現することは批評するのを諦めることだということ。」（87字）となります。

ポイントは①「批評とは対象を鑑定し評価し分類して、その核心について端的な言葉で的確に特性指摘するものである」、②「なんら特性を表さない言葉で表現することは批評するのを諦めることだ」の二点です。

なお、「批評家の仕事」について、5段落の「対象に一つの枠をはめてしまい、作品を傷つけることにもなる」（マイナス面）、「批評は新しい行動を呼びさますきっかけにもなりうる」（プラス面）を挙げる必要はありません。この二点は6段落で「いずれにしろ」とまとめられ、差異は問題にされていないからです。

問3 傍線部理由説明問題　難易度★★

≫ルール43→32ページ
≫記述ルール→7ページ

ステップ1 傍線部を含む一文を分析する

そうして、(3)〈批評のほうが、その対象よりわかりやすいと考えるのは〉（主部）、真実に反する。

「批評のほうが、その対象よりわかりやすいと考える」と「真実に反する」という部分との間に「飛躍」があるので、「飛躍」を埋める説明を求めましょう。

ステップ2 解答の根拠をとらえる

7 だが音楽批評に限らず、およそ美術、演劇、文学等の批評一般にまつわる誤解の中でも、批評を読めば作家なり作品なりがわかりやすくなるだろうという考えほど広く流布しているものはなかろう。しかし批評は解説ではない。私は前に対象の核心を端的にいいあてる力と書いたが、作品そのものはけっして核心だけでできているのではない。……

8 批評は作品を、作家を理解するうえで、役に立つと同じだけ、邪魔をするだろう。（それは批評がそれ自身、一つの作品だからである。）（根拠）では批評は何の役に立つのか？ 批評は、言葉によるほかの芸術と同じように、読まれ、刺激し、反発され、否定され、ときに共感され、説得に成功し等々のために、そこにある何かにすぎない。そうして、……

「批評」について、「批評を読めば作家なり作品なりがわかりやすくなるだろう」という考えは「誤解」であり「批評は解説ではない」とあります。さらに「批評は作品を、作家を理解するうえで……邪魔をするだろう」と述べられています。その根拠は「批評がそれ自身、一つの作品だから」です。

「批評」は対象の核心を言葉で表現したものですが「解説」ではなく「作品」であり、読者に読まれ、刺激、反発、否定、共感などを呼び起こすものなので、その対象よりわかりやすいわけではないということです。

「批評のほうが、その対象よりわかりやすいと考える」

＝

批評を読めば作家なり作品なりがわかりやすくなるだろう

⇔ 対立関係

批評は作品の解説ではない

批評は作品を、作家を理解するうえで、役に立つと同じだけ、邪魔をする

↓

「批評」は対象の核心を言葉で表現した「作品」であり、言葉によるほかの芸術と同じように、読者に読まれ、刺激、反発、否定、共感などを呼び起こすもの＝読者によって様々な受け止め方がなされるもの

↓

（批評のほうが、その対象よりわかりやすいと考えるのは）「真実に反する」

ステップ3 解答を決定する

以上より、解答例は「批評は芸術作品の解説ではなく、対象の核心を言葉で表現した一つの作品であり、言葉による他の芸術と同様に読者によって様々な受け止め方がなされるものだから。」（75字）となります。

ポイントは①「批評は芸術作品の解説ではなく」、②「対象の核心を言葉で表現した一つの作品であり」、③「言葉による他の芸術と同様に読者によって様々な受け止め方がなされるものだから」の三点です。

≫ ルール66 解法 難関 具体例は「一般化」して表現圧縮をする！

難関大の記述式問題では解答の根拠に「具体例」しかない場合があります。「具体例」は基本的に解答に含めないため、「一般化」して解答するようにしましょう。

今回は「読まれ、刺激し、反発され、否定され、ときに共感され、説得に成功し等々」は「具体例」なので、「読者によって様々な受け止め方がなされる」と一般化しています。

Lesson 9

解答・解説

▼問題 別冊 67ページ

このレッスンで出てくるルール

ルール19 読解「エピソード」は「筆者の主張」とセットでとらえる！
ルール23 読解「疑問文」の「答え」は「筆者の主張」と考える！
ルール3 読解「キーワード」の「詳しい説明」に注意する！
ルール10 読解「類似」に注目する！
ルール14 読解「主張」に伴う「根拠」を意識する！

解答

問1 ㊞国内では小集団に分かれて他者を排除しても国外では日本人同士は仲間だと無意識に想定するという日本人らしい心性が筆者にもあったということ。（67字）

問2 ㊞階級の分断が進む日本において、ナショナリズムの厳しい排他性が、外国人の排除と共に国民の一部の排除という形でも示され始めているということ。（68字）

問3 ㈣本来の自然には、それを区分けする名というものは存在せず、人為的に与えられた名にもとづく制度は仮構にすぎないということ。(59字)

問4 ㈣ナショナリズムは自国民も含めて異質な者を排除するが、その根拠となる生まれの同一性は強力に自然化された仮構の制度であり、常に変化しうる不安定な基準によるため、同じ日本人だと思っていても突然排除の対象とされる可能性は誰にでもあるということ。(118字)

本文解説

出典：鵜飼哲（うかいさとし）「ナショナリズム、その〈彼方〉への隘路（あいろ）」

意味段落Ⅰ　「日本人としての帰属と排除について」

ルール19　エピソード（…主張 5 段落）

1 （五年ほど前の夏のことだ。カイロの考古学博物館で私はある小さな経験をした。一人で見学をしていたとき、ふと見ると日本のツアー団体客がガイドの説明に耳を傾けていた。私は足を止め、団体の後ろで何とはなしにその解説を聞いていた。その前にすでに、仕事柄多少は理解できる他の言葉、英語やフランス語で他の国々の団体客向けになされていた解説もそれとなく耳に入っていたから、私にはそれは、ごく自然な、行為ともいえないような行為だった。ところが、日本人のガイドはぴたりと説明を止め、私を指差してこう言ったのだ。「あなたこのグループの人じゃないでしょ。説明を聞く資格はありません！」

2 要するに、あっちに行けということである。エジプトの博物館で、日本人が日本人に、お前はそこにいる権利はないと言われたのである。そのとき自分がどんな表情をしていたか、われながら見てみたいものだと思う。むっとしていたか、それともきまり悪そうに小さな笑みを浮かべていたか。少なくとも、とっさに日本人でないふりをすることはできなかった。）

3 この状況は、ちょっと考えてみるとなかなか奇妙なものだ。（根拠 というのも、私がこんな目に遭う危険は、日本以外の国のツアー客に「パラサイト」しているときにはまずありえないからだ。）

≫ルール19 読解
「エピソード」は「筆者の主張」とセットでとらえる！

筆者は主張を印象付けるために「エピソード」を紹介することがあります。「エピソード」の後にある「筆者の主張」とセットでとらえましょう。

また、エピソードは過去のものである場合が多いので、「過去」を表す表現に注意すると、「エピソード」をとらえやすくなります。

≫ルール23 読解
「疑問文」の「答え」は「筆者の主張」と考える！

→11ページ

エピソード

日本のツアー団体客に対するガイドの説明を近くで聞いていたら、「あなたこのグループの人じゃないでしょ。説明を聞く資格はありません！」と言われた英語やフランス語のガイドたちは自分のグループのそばに「アジア人」が一人たたずんでいても気にも止めないだろう。それに、顧客以外の誰かが自分の説明に耳を傾けていたとして、それがガイドにどんな不都合になるというのか。博物館内の、障壁のない、公的な空間で、自分の言葉を対価を払った人々の耳だけに独占的に届けよう、どんなにおとなしくしていても「たかり」は「たかり」、「盗み聞き」は断固許すまじという使命感。それは空しい使命感にちがいない。日本語の分かる非日本人はいまではどこにでもいるし、私のような顔をしていないかもしれないし、まして私のような反応は、おそらく誰もしないだろう[から]。

[4] [しかし]、その日ガイドの「排外神経」の正確な標的になったのは私だった。彼女は私が日本人であることを見切り、見とがめられたのちの私の反応も読んでいた。私は自分の油断を反省した。日本人がこのような状況でこのように振る舞いうることをうっかり忘れていたのである。日本にいるときはこちらもそれなりに張りつめている神経が、外国だからこそ緩んでいたらしい。日本のなかでは日本人同士種々の集団に分かれてたがいに壁を築く。しかし、ひとたび国外に出れば……。だがそれは、菊の紋章付きの旅券を持つ者の、無意識の、甘い想定だったようだ。**ア**その「甘さ」において私はまぎれもなく「日本人」だった。「日本人」だったからこそ日本人にパラサイトの現場を押さえられ、追い払われ、そして、逆説的にも、その排除を通じてある種の帰属を確認することを余儀なくされたのである。

←**問題提起**（[5]段落）
このときの私とガイドを較（くら）べた場合、どちらがより「ナショナリスト」と言えるだろう

←

答え＝筆者の主張（[5]段落）
・私（筆者）のような「日本人」ばかりではナショナリズムを「立ち上げる」のは容易でないだろう
・日本のナショナリズムは、かつても現在も、このガイドのようにきちんと振る舞える人々を欠かせない人材として要請し、養成してきたに違いない

意味段落Ⅱ 「日本でふたたびナショナリズムが力を持ち始めた」

5 この些細で滑稽な場面が、このところ、「ナショナルな空間」というものの縮図のように思えることがある。ときどき考えるのだが、このときの私とガイドを較べた場合、どちらがより「ナショナリスト」と言えるだろう。「同じ日本人なんだからちょっと説明を聞くくらい……」と、「甘えの構造」の「日本人」よろしくどうやら思っていたらしい私の方だろうか。それとも、たとえ日本人でも「よそ者」は目ざとく見つけ容赦なく切り捨てるガイドの方だろうか。確かだと思えるのは、【私のような「日本人」ばかりではナショナリズムを「立ち上げる」のは容易ではないだろうということ、日本のナショナリズムは、かつても現在も、このガイドのようにきちんと振る舞える人々を欠かせない人材として要請し、養成してきたに違いないということである。】（少なくとも可能的に、「国民」の一部を「非国民」として、「獅子身中の虫」として、摘発し、切断し、除去する能力、それなくしてナショナリズムは「外国人」を排除する「力」をわがものにできない。それはどんなナショナリズムにも共通する一般的な構造だが、日本のナショナリズムはこの点で特異な道を歩んできた。この数十年のあいだ中流幻想に浸っていた日本人の社会は、いまふたたび、急速に階級に分断されつつある。それにつれてナショナリズムも、ふたたび、その残忍な顔を、〈外〉と〈内〉とに同時に見せ始めている。

6 （もちろん私は、この出来事の後、外国で日本人の団体ツアーにはけっして近づかないように

≫ルール3 読解
「キーワード」の「詳しい説明」に注意する！

→78ページ

キーワード

「ナショナルな空間」

←

詳しい説明

・「ナショナリズム」には「国民」の一部を「非国民」として、摘発し、切断し、除去する能力が必要

・日本人の社会は、この数十年のあいだ中流幻想に浸っていたが急速に階級に分断されつつある

←

「折り目正しい」日本人の団体の近くにいない「自由」が、ないかきわめて乏しいことが、近代的な意味での「ナショナルな空間」の本質

している。「折り目正しい」日本人でないことが、いつ、なぜ、どうして「ばれる」か知れたものではないからだ。しかし、外国では贅沢（ぜいたく）にも、私は日本人の団体に近づかない「自由」がある。〕でも、日本ではどうだろう。日本人の団体の近くにいない「自由」があるだろうか。この「自由」がないかきわめて乏しいことこそは、近代的な意味で「ナショナルな空間」と呼ばれるものの本質ではないだろうか。〕

意味段落Ⅲ「日本人であることに、誰も安心はできない」

7 子供も、大人も、日本にいる人はみな、たとえ日本で生まれても、日本人の親から生まれても、ただひとり日本人に取り囲まれている。生まれてから死ぬまで。そして、おそらく、死んだあとも。「ただひとり」なのは、生地も血統も、その人の「生まれ」にまつわるどんな「自然」も、自然にその人を日本人にはしてくれないからだ。

8 ナショナリズム nationalism というヨーロッパ起源の現象を理解しようとするなら、nation という言葉の語源だけは知っておきたい。それはラテン語で「生まれる」という意味の nasci という動詞である。この動詞から派生した名詞 natio はまず「出生」「誕生」を意味するが、ラテン語のなかですでに「人種」「種族」「国民」へと意味の移動が生じていた。一方、「自然」を意味するラテン語、英語やフランス語の nature のもととなった natura（ルール10 類似）も、実は同じ動詞から派生したもう一つの名詞なのだ。この言葉もやはりまず「出生」を意味する。そして英語で naturally

≫ルール10 読解 「類似」に注目する！

→29ページ

「類似」は「類似」のフレームを覚えておくととらえやすくなります。

「類似」のフレーム

☐AはXである。Bも（また）Xである。
☐AとBはともにXである。
☐Aと同様にBも（また）Xである。
☐AとBはXという点で同じである。

A：「nation」＝「国民」「国家」
B：「natura」＝「自然」
X：語源はラテン語で「生まれる」という意味の「nasci という動詞」

と言えば、「自然に」から転じて「当然に」「自明に」「無論」という意味になる。

9 「生まれ」が「同じ」者の間で、「自然」だからこそ「当然」として主張される平等性。そして、それと表裏一体の、「生まれ」が「違う」者に対する排他性。歴史的状況や文化的文脈によってナショナリズムにもさまざまな異型があるが、この性格はこの政治現象の不変の核と言っていいだろう。だからいまも、世界のほとんどの国で、国籍は生地か血統にもとづいて付与されている。

10 ルール23 問題提起 しかし、生地にしても血統にしても、「生まれ」が「同じ」とはどういう意味だろう。ある土地の広がりが「フランス」とか「日本」という名で呼ばれるかどうかは少しも「自然」ではない。（ウ 根拠 文字通りの「自然」のなかには、もともとどんな名も存在しないからだ。）また両親が「同じ」でも、たとえ一卵性双生児でも、人は「ただひとり」生まれることにかわりはない。私たちは知らないうちに名を与えられ、ある家族の一員にされる。それがどのようになされたかは、言葉を身につけたのち、人づてに聞くことができるだけだ。親が本当に「生みの親」かどうか、自然に、感覚的確信に即して知っている人は誰もいない。苗字（みょうじ）が同じであることも、母の言葉が母語になったことも、顔が似ていることも、何も私の血統を自然にはしない。

11 一言で言えば、主張（答え）【あらゆるナショナリズムが主張する「生まれ」の「同一性」の自然的性格は仮構されたものなのだ。それは自然ではなく、ひとつの制度である。ただし、他のどんな制度よりも強力に自然化された制度である。】日本語で「帰化」（もともとは天皇の権威に帰順すると

≫ ルール23 読解

「疑問文」の「答え」は「筆者の主張」と考える！

→11ページ

問題提起

生地にしても血統にしても、「生まれ」が「同じ」とはどういう意味だろう

↓

答え＝筆者の主張

・あらゆるナショナリズムが主張する「生まれ」の「同一性」の自然的性格は、自然ではなく、仮構された制度である

・ただし、強力に自然化されている

↓

「国籍」や「国民的同一性」を身につけるとき、自然でないものを自然なものとする操作「自然化」がなされる

いう意味）と呼ばれる外国人による国籍の取得は、フランス語や英語では naturalis(z)ation、「自然化」と呼ばれる。この言葉は意味深長だ。（**なぜなら**、外国人ばかりでなく、**たとえば**血統主義の国籍法を採用する日本で日本人の親から生まれた人でも、その人に国籍が付与されるとき、あるいはその人がなにがしかの国民的同一性を身につけるとき、それはいつでも、自然でないものを自然なものとする操作、つまり「自然化」によってなされるしかない**からだ**。）

12 （「自然化」とは、繰り返すが、自然でないものを自然なものとする操作のことである。**言い換えれば**、この操作はけっして完了することがない。）（**そして**、いつ逆流するか分からない。「非自然化」はいつでも起こりうる。昨日まで自然だったこと、自然だと信じていたことが、突然自然でなくなることがある。）**だから**、【日本人であることに、誰も安心はできない。】

≫ルール14 読解 「主張」に伴う「根拠」を意識する！

→89ページ

ここでは複数の「根拠」から「主張」が導かれています。

根拠①
「自然化」とは、自然でないものを自然なものとする操作のことで、けっして完了することがない

＋

根拠②
「非自然化」はいつでも起こりうる

←

筆者の主張
日本人であることに、誰も安心はできない

読解マップ

意味段落Ⅰ　「日本人としての帰属と排除について」（1～4）

エピソード

日本のツアー団体客に対するガイドの説明を近くで聞いていたら、「あなたこのグループの人じゃないでしょ。説明を聞く資格はありません！」と言われた

↓

「日本人」だったからこそ日本人にパラサイトの現場を押さえられ、追い払われ、そして、逆説的にも、その排除を通じてある種の帰属を確認することを余儀なくされた

意味段落Ⅱ　「日本でふたたびナショナリズムが力を持ち始めた」（5～6）

問題提起

このときの私とガイドを較べた場合、どちらがより「ナショナリスト」と言えるだろう

↓

答え ＝ 筆者の主張

・私（筆者）のような「日本人」ばかりではナショナリズムを「立ち上げる」のは容易でないだろう

本文要約

日本のツアー団体客のガイドに排除されたことで、日本人としての帰属意識と排除の問題について考えた。ナショナリズムは「生まれ」が「同じ」者の平等性を主張すると共に、そうでない者に排他性を示す。ナショナリズムが排除の根拠とする「生まれ」の「同一性」は、強力に自然化された仮構の制度である。この自然化は決して完了せず、いつでも非自然化されうるものである。よって、日本人であることに、誰も安心はできない。

重要語句

□21 排外（はいがい）＝外国人や外国の文物・思想などを排斥すること。ここでは、自分の集団以外の者を排除すること

□28 逆説的（ぎゃくせつてき）＝真理に反しているようでありながら、真理をついているさま

・日本のナショナリズムは、かつても現在も、このガイドのようにきちんと振る舞える人々を欠かせない人材として要請し、養成してきたに違いない

意味段落Ⅲ　「日本人であることに、誰も安心はできない」（7～12）

問題提起

生地にしても血統にしても、「生まれ」が「同じ」とはどういう意味だろう

←

答え＝筆者の主張

・あらゆるナショナリズムが主張する「生まれ」の「同一性」の自然的性格は、自然ではなく、仮構された制度である

・ただし、強力に自然化されている

←

「国籍」や「国民的同一性」を身につけるとき、自然でないものを自然なものとする操作「自然化」がなされる

□29帰属（きぞく）＝特定の組織などにつき従うこと

□30滑稽（こっけい）＝おもしろおかしいこと

□35ナショナリズム＝国家または民族の統一・発展を推し進めていこうとする思想や運動

□38獅子身中の虫（しししんちゅうのむし）＝組織の内部にいて害をなすもの

□62排他性（はいたせい）＝他のものを受け入れず退けようとする性質

□74同一性（どういつせい）＝複数の事物が、その性質から区別できず同じと見なされること

□78意味深長（いみしんちょう）＝ある表現の内容が奥深くて多くの意味が含まれていること

設問解説

問1 傍線部内容説明問題　難易度★★

≫ ルール41 →18ページ
≫ 記述ルール →7ページ

記述問題は、問われている内容に合う「解答へのステップ」を利用して解いていきましょう。

解答欄は、一行あたり35字を目安と考えてください。

ステップ1　傍線部を含む一文を分析する

ア　その「甘さ」において〈私は〉（主語）まぎれもなく「日本人」だった。

「その『甘さ』」という部分が「指示語＋個人言語」になっており、カギカッコの付いた「『日本人』」という部分も「個人言語」になっています。解答の根拠として、それぞれの説明を求めましょう。

ステップ2　解答の根拠をとらえる

4　……日本にいるときはこちらもそれなりに張りつめている神経が、外国だからこそ緩んでいたらしい。日本のなかでは日本人同士種々の集団に分かれてたがいに壁を築く。しかし、ひとたび国外に出れば……。

だがそれは、菊の紋章付きの旅券を持つ者の、無意識の、甘い想定だったようだ。

ア　その「甘さ」において〈私は〉まぎれもなく「日本人」だった。

……

5　……このときの私とガイドを較（くら）べた場合、どちらがより「ナショナリスト」と言えるだろう。「同じ日本人なんだからちょっと説明を聞くくらい……」と、「甘えの構造」の「日本人」よろしくどうやら思っていたらしい私の方だろうか。それとも、たとえ日本人でも「よそ者」は目ざとく見つけ容赦なく切り捨てるガイドの方だろうか。……

まず「その『甘さ』」の指示対象をとらえると、「それは、菊の紋章付きの旅券を持つ者の、無意識の、甘い想定」とあります。「菊の紋章付きの旅券を持つ者」は注より「日本国民」であることがわかります。また、「それ」という指示語があるので、さらに指示対象を求めます。

≫ ルール62　解法　発展　「二重の指示語」があったら、さらに指示対象を探す！
→50ページ

すると「ひとたび国外に出れば……」という文がありますが、この文は文末が省略されています。省略された内容は、「しかし」の前の文である「日本のなかでは日本人同士種々の集団に分かれてたがいに壁を築く」と反対だと考えることができるので、「ひとたび国外に出れば、日本人同士はみんな仲間だと考える」という内容になると考えられます。

さらに5段落で「『同じ日本人なんだからちょっと説明を聞くくらい……』と、『甘えの構造』の『日本人』よろしく」という説明があります。「よろしく」とは前の内容について「いかにもそれらしく」という意味です。注の「甘えの構造」の説明から「甘え」が「日本人」の心性の大きな特徴であることがわかります。筆者は自分自身がいかにも「日本人」らしい「甘え」を持っていたと考えているのです。

「日本人」

国内では種々の集団に分かれてたがいに壁を築く

↔対立関係

国外では日本人同士はみんな仲間だと無意識に想定する

＝「甘え」＝「日本人」の心性の大きな特徴

ステップ3 解答を決定する

以上より、解答例は「国内では小集団に分かれて他者を排除しても国外では日本人同士は仲間だと無意識に想定するという日本人らしい心性が筆者にもあったということ。」（67字）となります。

ポイントは①「国内では小集団に分かれて他者を排除しても」、②「国外では日本人同士は仲間だと無意識に想定するという日本人らしい心性」の二点です。

問2 傍線部内容説明問題 難易度★★

≫ルール41→18ページ
≫記述ルール→7ページ

ステップ1 傍線部を含む一文を分析する

それにつれて〈ナショナリズムも〉（主語）、ふたたび、イその残忍な顔を、〈外〉と〈内〉とに同時に見せ始めている。

「それ」は指示語、「その残忍な顔」は「指示語＋比喩表現」です。そして、「〈外〉と〈内〉」は「個人言語」です。それぞれ本文に説明を求めましょう。

ステップ2 解答の根拠をとらえる

5 ……少なくとも可能的に、「国民」の一部を「非国民」として、「獅子身中の虫」として、摘発し、切断し、除去する能力、それなくしてナショナリズムは「外国人」を排除する「力」をわがものにできない。それはどんなナショナリズムにも共通する一般的な構造だが、日本のナショナリズムはこの点で特異な道を歩んでもきた。この数十年のあいだ中流幻想に浸っていた日本人の社会は、いまふたたび、急速に階級に分断されつつある。それにつれて〈ナショナリズムも〉、ふたたび、イその残忍な顔を、〈外〉と〈内〉とに同時に見せ始めている。

「それ」の指示対象は「この数十年のあいだ中流幻想に浸っていた日本人の社会は、いまふたたび、急速に階級に分断されつつある」

という部分です。

「ふたたび、急速に階級に分断されつつある」日本において、「ナショナリズム」がふたたび見せ始めている「残忍な顔」とは、まず「〈内〉」に向けては「『国民』の一部を『非国民』として、『獅子身中の虫』として、摘発し、切断し、除去する能力」であると考えられます。「中流幻想」に浸っていた間は皆が「中流」であると考えられていたゆえに、排除される「非国民」がいなかったが、階級の分断が進んだことでふたたび国民の一部を排除する動きが出てきたということです。そして「〈内〉」＝国民であることから「〈外〉」＝外国人であり、そこには「『外国人』を排除する『力』」がはたらくとわかります。「残忍な顔」とは、厳しい排他性を意味すると言えます。

「それ」＝日本人の社会が、いまふたたび、急速に階級に分断されつつあること

「その残忍な顔」＝ナショナリズムの厳しい排他性

「〈外〉」＝外国人

「〈内〉」＝国民

ステップ3 解答を決定する

以上より、解答例は「階級の分断が進む日本において、ナショナリズムの厳しい排他性が、外国人の排除と共に国民の一部の排除という形でも示され始めているということ。」（68字）となります。

ポイントは①「階級の分断が進む日本」、②「ナショナリズムの厳しい排他性」、③「外国人の排除と共に国民の一部の排除という形でも示され始めている」の三点です。

問3 傍線部内容説明問題 難易度★★★

≫ルール41→18ページ
≫記述ルール→7ページ

ステップ1 傍線部を含む一文を分析する

ウ文字通りの「自然」のなかには、もともとどんな名も存在しない[から]だ。

カギカッコの付いた「『自然』」が「個人言語」なので、その説明を求めましょう。

ステップ2 解答の根拠をとらえる

[8] ナショナリズム nationalism というヨーロッパ起源の現象を理解しようとするなら、nation という言葉の語源だけは知っておきたい。それはラテン語で「生まれる」という意味の nasci という動詞である。この動詞から派生した名詞 natio はまず「出生」「誕生」を意味するが、ラテン語のなかですでに「人種」「種族」「国民」へと意味の移動が生じていた。[一方]、「自然」を意味するラテン語、英語やフランス語の nature のもととなった natura[も]、実は[同じ]動詞から派生したもう一つの名詞なのだ。この言葉もやはりまず「出生」を意味する。そして英語で naturally と言えば、「自然に」から転じて「当然に」「自明に」「無論」という意味になる。

9「生まれ」が「同じ」者の間で、「自然」だからこそ「当然」として主張される平等性。そして、それと表裏一体の、「生まれ」が「違う」者に対する排他性。……いまも、世界のほとんどの国で、国籍は生地か血統にもとづいて付与されている。

10しかし、生地にしても血統にしても、「生まれ」が「同じ」とはどういう意味だろう。ある土地の広がりが「フランス」とか「日本」という名で呼ばれるかどうかは少しも「自然」ではない。（ウ文字通りの「自然」のなかには、もともとどんな名も存在しないからだ。）……

11一言で言えば、あらゆるナショナリズムが主張する「生まれ」の「同一性」の自然的性格は仮構されたものなのだ。それは自然ではなく、ひとつの制度である。ただし、他のどんな制度よりも強力に自然化された制度である。……

傍線部は「ある土地の広がり」が特定の名で呼ばれることは「『自然』ではない」ことの根拠にあたる部分です。

8段落で「ナショナリズム」や「自然」の語源をたどり、「出生」を意味する言葉が「人種」「自然」、さらに「当然に」といった意味に変化、派生していったことが説明されています。「ある土地の広がり」に名前（国名）を付け、その場所で生まれた者に国籍を付与し、同じ国籍を持つもの＝「『生まれ』が『同じ』者」は平等で違う者は排除するというナショナリズムの考え方が自然なもの、当然のこととして扱われていることが読み取れます。

しかしながら、土地（自然そのもの）には本来名前はなく、それを区切って名付けたのは人間であるから、ナショナリズムの考え方は自然でも当然でもなく「仮構されたもの」「ひとつの制度」であるというのが筆者の意見です。

「文字通りの『自然』」＝自然そのもの、本来の自然…区切られていない・どんな名も存在しない

←

「文字通りの『自然』」を人為的に区切って名を付け、国家や国籍を定めることや、それにもとづく「生まれ」の「同一性」は「自然」ではなく「仮構」、「制度」

ステップ3 解答を決定する

以上より、解答例は「本来の自然には、それを区分けする名というものは存在せず、人為的に与えられた名にもとづく制度は仮構にすぎないということ。」（59字）となります。

ポイントは①「本来の自然には、それを区分けする名というものは存在せず」、②「人為的に与えられた名にもとづく制度は仮構にすぎない」の二点です。

≫ ルール67 解法 難関 問われていない部分の説明をしたら減点となる！

傍線部内容説明問題や傍線部理由説明問題では、「問われている内容」のみを答えることが重要です。本文に書いてあるけれど、問いの答えとしては必要ない要素を詰め込むと減点の対象となります。

今回であれば、傍線部は[9]段落の「世界のほとんどの国で、国籍は生地か血統にもとづいて付与されている」のうち「生地」に関係する内容です。傍線部の後の「また」以降には「血統」に関する説明がありますが、この部分は解答に含めてはいけないということになります。難関大の記述問題では「情報の整理」をしっかりした上で、必要な部分のみ解答することが求められるので注意しましょう。

問4 傍線部内容説明問題 難易度★★★

≫ルール41→18ページ
≫記述ルール→7ページ

ステップ1 傍線部を含む一文を分析する

[だから]、エ日本人であることに、〈誰も〉(主語)安心はできない。

「だから」とあるので、前の部分に説明を求めましょう。

ステップ2 解答の根拠をとらえる

[11] [一言で言えば]、あらゆるナショナリズムが主張する「生まれ」の「同一性」の自然的性格は仮構されたものなのだ。それは自然[ではなく]、ひとつの制度である。[ただし]、他のどんな制度よりも強力に自然化された制度である。日本語で「帰化」(もともとは天皇の権威に帰順するという意味)と呼ばれる外国人による国籍の取得は、フランス語や英語ではnaturalis(z)ation、「自然化」と呼ばれる。この言葉は意味深長だ。[なぜなら]、……その人に国籍が付与されるとき、あるいはその人がなにがしかの国民的同一性を身につけるとき、それはいつでも、自然でないものを自然なものとする操作、つまり「自然化」によってなされるしかない[から]だ。

[12] 根拠①(「自然化」とは、繰り返すが、自然でないものを自然なものとする操作のことである。[言い換えれば]、この操作はけっして完了することがない。)根拠②([そして]、いつ逆流するか分からない。「非自然化」はいつでも起こりうる。昨日まで自然だったこと、自然だと信じていたことが、突然自然でなくなることがある。)[だから]、エ日本人であることに、誰も安心はできない。

傍線部と同じ段落に根拠が二つ示されています。ただし、この問題は「本文全体の趣旨を踏まえて」答えるよう指示されています。これまでの設問の答えも利用しながら、本文全体から根拠を読み取っていきましょう。

まず、「日本人であること」は生地や血統といった「生まれ」の「同一性」によって判断されることなので、「生まれ」の「同一性」について確認しましょう。これは問3で見たように、人為的に与えられた名にもとづいて「仮構されたもの」「ひとつの制度」でした。ただし強力に「自然化」(=「自然でないものを自然なものとする操作」)された「制度」です。

「自然化」は完了することがなく（根拠①）、また「非自然化」はいつでも起こりうる、自然だったことが突然自然でなくなることがある（根拠②）という点に注目してください。

ナショナリズムは「生まれ」の「同一性」を根拠として、異質な者を排除します。そして、問2で見たように、現代日本のナショナリズムは排他性を「国民の一部」にも示し始めています。ここで排除されるのは、国民の中で「よそ者」、異質な者とされる人々ですが、何をもって異質、「自然でない」とされるかの基準はいつでも変化しうるということです。すると問1で見た筆者の体験のように、「同じ日本人なんだから」と思っていても突然「排除」される可能性があるので、「安心はできない」のです。

「日本人であること」

・「生まれ」の「同一性」によって判断される

「生まれ」の「同一性」

・人為的に与えられた名にもとづく「仮構」の「制度」（問3）が

「自然化」されたもの

・「自然化」は完了することがなく、いつでも「非自然化」されうる

＝「生まれ」の「同一性」の基準は常に変化しうる

＋

・ナショナリズムは排他性を持つ

・現代日本のナショナリズムは、排他性を「国民の一部」にも示し始めている（問2）

↓

・筆者がエジプトで「排除」されたように（問1）、「同じ日本人」だと思っていても突然「排除」されるかもしれない

↓

「誰も安心はできない」

ステップ3 解答を決定する

以上より、解答例は「ナショナリズムは自国民も含めて異質な者を排除するが、その根拠となる生まれの同一性は強力に自然化された仮構の制度であり、常に変化しうる不安定な基準によるため、同じ日本人だと思っていても突然排除の対象とされる可能性は誰にでもあるということ。」（118字）となります。

ポイントは①「ナショナリズムは自国民も含めて異質な者を排除する」、②「生まれの同一性は強力に自然化された仮構の制度であり、常に変化しうる不安定な基準による」、③「同じ日本人だと思っていても突然排除の対象とされる可能性は誰にでもある」の三点です。

Lesson 10

解答・解説

▼問題 別冊75ページ

このレッスンで出てくるルール

ルール20 読解 「エピソード」は「筆者の心情」とセットでとらえる！
ルール33 読解 直接導けない「心情」は「特殊事情」を読み取る！
ルール10 読解 「類似」に注目する！
ルール31 読解 「心情」をとりまく原因や結果を押さえる！

解答

問1 ㈠不意の天候の崩れによる非日常を恩寵だと感じているのであり、予報を聞いてしまうとその感覚を得ることができないから。（56字）

問2 ㈠遠く眺めてはじめて青として認識できる幻の色で、平凡で穏やかな様子を見せながら、突然極端に色を変える可能性を持つところ。（59字）

問3 ㈠感情の暴発によって心の均衡を崩す危険があれば、気づいた瞬間に自分で心を整えて、外からは平穏に見えるように振る舞う日常のこと。（62字）

問4 ㈹青空の崩れという非日常と回復し新しい空になる様子に自己の内面を重ね救いを求める思いが、赤い風船にも非日常を感じたことで打ち消されたということ。（71字）

出典：堀江(ほりえ)敏幸(としゆき)「青空の中和のあとで」

意味段落Ⅰ「夏の天気の急変に、期待感がつのる」

1 ルール20 エピソード【その日、変哲もない住宅街を歩いている途中で、私は青の異変を感じた。空気が冷たくなり、影をつくらない自然の調光がほどこされて、あたりが暗く沈んでゆく。大通りに出た途端、鉄砲水のような雨が降り出し、ほぼ同時に稲光をともなった爆裂音が落ちてきた。電流そのものではなく、来た、という感覚が身体の奥の極に流れ込んで、私は十数分の非日常を、まぎれもない日常として生きた。雨が上がり、空は白く膨らんでまた縮み、青はその縮れてできた端の余白から滲(にじ)み出たのちに、やがて一面、鮮やかな回復に向かった。】

2 心情【青空の青に不穏のにおいが混じるこの夏の季節を、私は以前よりも楽しみに待つようになった。平らかな空がいかにかりそめの状態であるのか、不意打ちのように示してくれる午後の天候の崩れに、ある種の救いを求めていると言っていいのかもしれない。

3 強烈な夏の陽射(ひざ)しと対になって頭上に迫ってくる空が、とつぜん黒々とした雲に覆われ、暗幕を下ろしたみたいに世の中が一変するさまに触れると、そのあとさらになにかが起きるのではないかとの**期待感**がつのり、嵐の前ではなく後でなら穏やかになると信じていた心に、それがちょっとした破れ目をつくる。】

≫ルール20 読解

「エピソード」は「筆者の心情」とセットでとらえる！

→59ページ

エピソード

夏のある日、夕立にあった

←

筆者の心情

- 私は以前よりも夏を楽しみに待つようになった
- 急な天候の崩れにある種の救いを求めている
- 期待感がつのる

[4] このささやかな破れ目につながる日々の感覚は、あらかじめ得られるものではない。自分のアンテナを通じて入って来た瞬間にそれが現実の出来事として生起する、[つまり]予感とほとんど時差のないひとつの体験であって、なにかが起こってから、あれはよい意味での虫の知らせだったとするのはどこか不自然なのだ。予報は、ときに、こちらの行動を縛り、息苦しくする。原因A【晴れわたった青空のもと街を歩いていて、すれちがいざま、これから降るらしいよといった会話を耳に挟んだりすると、】心情【ア何かひどく損をした気さえする。】（ルール33 原因B（[2]段落））

[5] 空の青が湿り気を帯び、薄墨を掃いたように黒い雲をひろげる。ひんやりした風があしもとに流れて舞いあがり、頬(ほお)をなでる。来る、と感じた瞬間に最初の雨粒が落ち、稲光とともに雷鳴が響いたとき、日常の感覚の水位があがる。ずぶ濡(ぬ)れになったらどうしよう、雨宿りをして約束に遅れたらどうしようなどとはなぜか思わ[ない]。それを一瞬の、ありがたい仕合わせと見なし、空の青みの再生に至る契機を、一種の恩寵(おんちょう)として受けとめるのだ。

[6] しばらくのあいだ青を失っていた空の回復を、私は待つ。崩れから回復までの流れを、予知や予報を介在させず、日々の延長のなかでとらえてみようとする。

意味段落Ⅱ「青とは幻の色である」

[7] イ青は不思議な色である。海の青は、手を沈めて水をすくったとたん青でなくなる。あの色は幻だといってもいい。しかし海は極端に色を変えたとき、幻を重い現実に変える力を持つ。海

ルール33 読解

直接導けない「心情」は「特殊事情」を読み取る！

「心情」の原因を直前に求めても、「なぜその心情になったのかわからない」という場合があります。この場合は特殊な事情があるのではないかと考えましょう。

原因A
晴れわたった青空のもと街を歩いていて、すれちがいざま、これから降るらしいよといった会話を耳に挟んだりする
↓
心情
何かひどく損をした気さえする
↑
原因B（**特殊事情**）
不意打ちのような天候の崩れに、ある種の救いを求めている

Lesson 10

の青を怖(おそ)れるのは、それを愛するのと同程度に厳しいことなのだ。

8 【ルール10 類似】空の青**も**、じつは幻である。天上の青はいったん空気中の分子につかまったあと放出された青い光の散乱にすぎないから、他の色を捨てたのではなく、それらといっしょになれなかった孤独な色でもある。その色に、私たちは背伸びをしても手を届かせることができない。

9 いつも遠い。当たり前のように遠い。それが空である。飛行機で空を飛んだら、それは近すぎてもう空の属性を失っている。遠く眺めて、はじめてその乱反射の幻が生きる。空の青こそが、いちばん平凡でいちばん穏やかな表情を見せながら、弾(はじ)かれつづける青の粒の運動を静止したひろがりとして示すという意味において、日常に【ルール10 類似】**似ている**のではないか。

10 単調な日々を単調なまま過ごすには、ときに暴発的なエネルギーが必要になる。**しかし**その暴発は、あくまで自分の心のなかで静かに処分するものだから、表にあらわれでることはない。心の動きは外から見るかぎりどこまでも平坦(へいたん)である。内壁が劣化し、全体の均衡を崩す危険性があれば、気づいた瞬間に危ない壁を平然と剝(は)ぎとる。ウ**そういう**裏面のある日常とこの季節の乱脈な天候との相性は、案外いいのだ。

11 青空の急激な変化を待ち望むのは、見えるはずのない内側の崩れの兆しを、天地を結ぶ磁界のなかで一挙に中和するためでもある。そのようにして中和された青は、もうこれまでの青ではない。ぽおっと青を見上げている自分**もまた**、さっきまでの自分ではない。この小さな変貌の断続的な繰り返しが体験の質を高め、破れ目を縫い直したあとでまた破るような、べつの出

≫ ルール10 「類似」に注目する！ 読解

→29ページ

「青は不思議な色（幻）である」

海の青…手を沈めて水をすくったとたん青でなくなる

空の青…遠くで見ると青いが、近づくと青でなくなる

≒ 類似

「空の青こそが、日常に似ている」

空の青…いちばん平凡でいちばん穏やかな表情を見せながら、弾かれつづける青の粒の運動を静止したひろがりとして示す

≒ 類似

日常…単調な日々を単調なまま過ごすには、ときに暴発的なエネルギーが必要になるが、その暴発は、あくまで自分の心のなかで静かに処分するものだから、表にあらわれでることはない

来事を呼び寄せるのだ。

意味段落Ⅲ「赤い風船に感じた非日常」

12 天気の崩れと内側の暴発を経たのちにあらわれた新しい空。雨に降られたあと、たちまち乾いた亜熱帯の大通りを渡るために、私は目の前の歩道橋の階段をのぼりはじめた。事件は、そこで起きた。いちばん上から、人の頭ほどの赤い生きものが、ふわりふわりと降りてきたのである。

13 風船だった。【原因 糸が切れ、飛翔(ひしょう)の力を失った赤い風船。】一段一段弾むようにそれは近づき、すれちがったあともおなじリズムで降りて行く。私は足を止め、振り向いて赤の軌跡を眼(め)で追った。貴重な青は、天を目指さない風船の赤に吸収され、空はこちらの視線といっしょに地上へと引き戻される。【エ ルール31 心情 青の明滅に日常の破れ目を待つという自負と願望があっさり消し去られたことに奇妙な喜びを感じつつ、私は茫然(ぼうぜん)としていた。】再び失われた青の行方を告げるように、遠く、雷鳴が響いていた。

≫ ルール31 読解
「心情」をとりまく原因や結果を押さえる!
→106ページ

原因
赤い風船に目を奪われた
←
心情
青空の崩れと回復が自己の内面の崩れの兆しを中和し刷新するという「自負と願望」が消し去られた
→「奇妙な喜び」「茫然」

読解マップ

意味段落Ⅰ　「夏の天気の急変に、期待感がつのる」　1～6

エピソード　夏のある日、夕立にあった

←

筆者の心情

・私は以前よりも夏を楽しみに待つようになった
・急な天候の崩れにある種の救いを求めている
・期待感がつのる

原因A　晴れわたった青空のもと街を歩いていて、すれちがいざま、これから降るらしいよといった会話を耳に挟んだりする

←

心情　何かひどく損をした気さえする

→

原因B（**特殊事情**）　不意打ちのような天候の崩れに、ある種の救いを求めている

意味段落Ⅱ　「青とは幻の色である」　7～11

本文要約

青空の急変にある種の救いを求めているので、天気予報を聞くと、何かひどく損をした気さえする。海や空の青は遠くで見ると青いが、近づくと青でなくなる。これは外からは平穏に見えるように振舞っているが、内側では感情が暴発しそうになったら心を整えている日常的な態度に似ている。青空の崩れという非日常とそこからの回復が、自己の内面の崩れの兆しを中和し刷新すると感じていたが、赤い風船という別の非日常に出会ったことで青空への思いが消し去られ、奇妙な喜びを感じつつ茫然とした。

重要語句

□8かりそめ＝その場限りで、一時的なこと
□24恩寵（おんちょう）＝神仏・主君などから受ける恵み
□34属性（ぞくせい）＝ある事物にもともと備わっている

「青は不思議な色（幻）である」
海の青…手を沈めて水をすくったとたん青でなくなる
≒ **類似**
空の青…遠くで見ると青いが、近づくと青でなくなる

「空の青こそが、日常に似ている」
空の青…いちばん平凡でいちばん穏やかな表情を見せながら、弾かれつづける青の粒の運動を静止したひろがりとして示す
≒ **類似**
日常…単調な日々を単調なまま過ごすには、ときに暴発的なエネルギーが必要になるが、その暴発は、あくまで自分の心のなかで静かに処分するものだから、表にあらわれでることはない

意味段落Ⅲ「赤い風船に感じた非日常」（12〜13）

原因 赤い風船に目を奪われた
←
心情 青空の崩れと回復が自己の内面の崩れの兆しを中和し刷新するという「自負と願望」が消し去られた
→「奇妙な喜び」「茫然」

性質や特徴

問1 心情把握問題 難易度★★

≫ルール49→116ページ
≫記述ルール→7ページ

記述問題は、問われている内容に合う「解答へのステップ」を利用して解いていきましょう。

解答欄は、一行あたり35字を目安と考えてください。

ステップ1 傍線部を含む一文を分析する

晴れわたった青空のもと街を歩いていて、すれちがいざま、これから降るらしいよといった会話を耳に挟んだりすると、ア何かひどく損をした気さえする。

「損をした気」が「筆者の心情」、その前の「晴れわたった青空のもと街を歩いていて、すれちがいざま、これから降るらしいよといった会話を耳に挟んだりすると」という部分が「原因」になります。ただし、これから雨が降るという情報を耳にしたら普通は「得をした」ような気がするはずです。筆者には何か特殊事情があるのではないかと考えながら、根拠をとらえましょう。

ステップ2 解答の根拠をとらえる

[1] ……大通りに出た途端、鉄砲水のような雨が降り出し、ほぼ同時に稲光をともなった爆裂音が落ちてきた。電流そのものではなく、来た、という感覚が身体の奥の極に流れ込んで、私は十数分の非日常を、まぎれもない日常として生きた。……

[2] 青空の青に不穏のにおいが混じるこの夏の季節を、私は以前よりも楽しみに待つようになった。平らかな空がいかにかりそめの状態であるのか、不意打ちのように示してくれる午後の天候の崩れに、ある種の救いを求めていると言っていいのかもしれない。

……

[4] ……予報は、ときに、こちらの行動を縛り、息苦しくする。晴れわたった青空のもと街を歩いていて、すれちがいざま、これから降るらしいよといった会話を耳に挟んだりすると、ア何かひどく損をした気さえする。

[5] ……ずぶ濡れになったらどうしよう、雨宿りをして約束に遅れたらどうしようなどとはなぜか思わない。それを一瞬の、ありがたい仕合わせと見なし、空の青みの再生に至る契機を、一種の恩寵として受けとめるのだ。

「平らかな空がいかにかりそめの状態であるのか、不意打ちのように示してくれる午後の天候の崩れに、ある種の救いを求めている」という筆者の事情が、特殊事情にあたります。「不意打ち」を望んでいるのですから、「これから降るらしいよ」という「予報」を聞いてしまうと、「不意打ち」ではなくなるので、「損をした気」がするのです。

「不意打ち」のような「天候の崩れ」は「十数分の非日常」（[1]段落）、「ある種の救い」は「ありがたい仕合わせ」「一種の恩寵」（[5]段落）と表現されていることも押さえておきましょう。

原因A

晴れわたった青空のもと街を歩いていて、すれちがいざま、これから降るらしいよといった会話を耳に挟んだりする

←

心情

何かひどく損をした気さえする

→

原因B（特殊事情）

不意打ちのような天候の崩れ（非日常）に、ある種の救い（仕合わせ、恩寵）を求めている

ステップ3 解答を決定する

以上より、解答例は「不意の天候の崩れによる非日常を恩寵だと感じているのであり、予報を聞いてしまうとその感覚を得ることができないから。」（56字）となります。

ポイントは①「不意の天候の崩れによる非日常を恩寵だと感じている」、②「予報を聞いてしまうとその感覚を得ることができない」の二点です。

≫ ルール64 解法 難関 **長い説明は「語彙力」を使って表現圧縮をする！**

→131ページ

この設問では、原因Aを「予報を聞いてしまう」というように圧縮すると良いでしょう。

問2 傍線部内容説明問題 難易度★★

≫ ルール41→18ページ
≫ 記述ルール→7ページ

ステップ1 傍線部を含む一文を分析する

イ 〈青は〉（主語）不思議な色である。

主語の「青」について、説明を求めましょう。

ステップ2 解答の根拠をとらえる

7 イ青は不思議な色である。海の青は、手を沈めて水をすくったとたん青でなくなる。あの色は幻だといってもいい。［しかし］海は極端に色を変えたとき、幻を重い現実に変える力を持つ。海の青を怖（おそ）れるのは、それを愛するのと同程度に厳しいことなのだ。

8 空の青［も］、じつは幻である。天上の青はいったん空気中の分子につかまったあと放出された青い光の散乱にすぎないから、他の色を捨てたのではなく、それらといっしょになれなかった孤独な色でもある。その色に、私たちは背伸びをしても手を届かせることができない。

9 いつも遠い。当たり前のように遠い。それが空である。飛行機で空を飛んだら、それは近すぎてもう空の属性を失っている。遠く眺めて、はじめてその乱反射の幻が生きる。空の青こそが、いちばん平凡でいちばん穏やかな表情を見せながら、弾(はじ)かれつづける青の粒の運動を静止したひろがりとして示すという意味において、日常に似ているのではないか。

「青」の不思議さは「幻」という言葉で表現されています。「幻」とは「遠くからは認識できるが、近づくと消えてしまう」という「海の青」と「空の青」の類似点のことを表しています。

また、「いちばん平凡でいちばん穏やかな表情を見せながら」「急に色を変えて、また回復する」という点もふまえると、より「不思議」であることを説明できます。

「青」＝「幻」

・遠くからは認識できるが、近づくと消えてしまう

・平凡で穏やかな表情を見せながら、急に色を変えて、また回復する＝色が突然変化する

ステップ3 解答を決定する

以上より、解答例は「遠く眺めてはじめて青として認識できる幻の色で、平凡で穏やかな様子を見せながら、突然極端に色を変える可能性を持つところ。」（59字）となります。

ポイントは①「遠く眺めてはじめて青として認識できる幻の色」、②「平凡で穏やかな様子を見せながら、突然極端に色を変える可能性を持つ」の二点です。

問3 傍線部内容説明問題 難易度★★★

≫ルール41→18ページ

≫記述ルール→7ページ

ステップ1 傍線部を含む一文を分析する

〈ウ そういう裏面のある日常とこの季節の乱脈な天候との相性（主部）は〉、案外いいのだ。

「そういう」というまとめの指示語があるので、「日常」と「天候」の類似点に気をつけながら、前に「裏面」の説明を求めましょう。

ステップ2 解答の根拠をとらえる

9 いつも遠い。当たり前のように遠い。それが空である。飛行機で空を飛んだら、それは近すぎてもう空の属性を失っている。遠く眺めて、はじめてその乱反射の幻が生きる。空の青こそが、いちばん平凡でいちばん穏やかな表情を見せながら、弾(はじ)かれつづける青の粒の運動を静止したひろがりとして示すという意味において、日常に似ているのではないか。

10 単調な日々を単調なまま過ごすには、ときに暴発的なエネルギーが必要になる。しかしその暴発は、あくまで自分の心のなかで静かに処分するものだから、表にあらわれでることはない。心の動きは外から見るかぎりどこまでも平坦(へいたん)である。内壁が劣化し、全体の均衡を崩す危険性があれば、気づいた瞬間に危ない壁を平然と剝(は)ぎとる。ウそういう裏面のある日常とこの季節の乱脈な天候との相性は、案外いいのだ。

「日常」の心の動きについての説明をとらえます。

一見すると「動き」は「外から見るかぎりどこまでも平坦」ですが、「裏面（内側）」では「暴発」する可能性を持っています。この点が「この季節（＝夏）の乱脈な天候」と似ているので、相性がいいのです。

「内壁が劣化し、全体の均衡を崩す危険性があれば、気づいた瞬間に危ない壁を平然と剝ぎとる」は比喩表現で「感情の暴発によって心の均衡を崩す危険があれば、気づいた瞬間に心を整える」という内容を表していると考えることができます。

「日常」

・表面＝外から見るかぎりどこまでも平坦

・裏面＝感情の暴発によって心の均衡を崩す危険があれば、気づいた瞬間に心を整える

ステップ3 解答を決定する

以上より、解答例は「感情の暴発によって心の均衡を崩す危険があれば、気づいた瞬間に自分で心を整えて、外からは平穏に見えるように振る舞う日常のこと。」（62字）となります。

ポイントは①「感情の暴発によって心の均衡を崩す危険があれば、気づいた瞬間に自分で心を整えて」、②「外からは平穏に見えるように振る舞う」の二点です。

問4 傍線部内容説明問題 難易度★★★

≫ルール41→18ページ
≫記述ルール→7ページ

ステップ1 傍線部を含む一文を分析する

エ （比喩）（青の明滅に日常の破れ目を待つ）という自負と願望があっさり消し去られたことに奇妙な喜びを感じつつ、〈私は〉（主語）茫然（ぼうぜん）としていた。

「青の明滅に日常の破れ目を待つ」は比喩表現なので、その説明を求めましょう。

ステップ2 解答の根拠をとらえる

11 青空の急激な変化を待ち望むのは、見えるはずのない内側の崩れの兆しを、天地を結ぶ磁界のなかで一挙に中和するためでもある。そのようにして中和された青は、もうこれまでの青ではない。ぽおっと青を見上げている自分もまた、さっきまでの自分ではない。この小さな変貌の断続的な繰り返しが体験の質を高め、破れ目を縫い直したあとでまた破るような、べつの出来事を呼び寄せるのだ。

12 天気の崩れと内側の暴発を経たのちにあらわれた新しい空。雨に降られたあと、たちまち乾いた亜熱帯の大通りを渡るために、私は目の前の歩道橋の階段をのぼりはじめた。事件は、そこで起きた。いちばん上から、人の頭ほどの赤い生きものが、ふわりふわりと降りてきたのである。

13 風船だった。糸が切れ、飛翔の力を失った赤い風船。一段一段弾むようにそれは近づき、すれちがったあともおなじリズムで降りて行く。私は足を止め、振り向いて赤の軌跡を眼で追った。貴重な青は、天を目指さない風船の赤に吸収され、空はこちらの視線といっしょに地上へと引き戻される。エ青の明滅に日常の破れ目を待つという自負と願望があっさり消し去られたことに奇妙な喜びを感じ[つつ]、〈私は〉茫然としていた。再び失われた青の行方を告げるように、遠く、雷鳴が響いていた。

「青の明滅に日常の破れ目を待つ」について、**問1**で見たように筆者は「不意打ちのような天候の崩れ（非日常）に、ある種の救い（仕合わせ、恩寵）を求めて」います。

11段落には「青空の急激な変化を待ち望むのは、見えるはずのない内側の崩れの兆しを、天地を結ぶ磁界のなかで一挙に中和するためでもある」とあります。

問2で見たように、空の色である「青」は「平凡で穏やかな表情を見せながら、急に色を変えて、また回復する」ものであり、**問3**で見たように「外から見るかぎりどこまでも平坦」でありながら「裏面（内側）」では「暴発」する可能性を持っている点で、人の心の動きと類似したものだと筆者は考えています。そのため、青空の変化が「見えるはずのない内側の崩れの兆し」を「中和する」と感じるのです。

さらに「中和された青」が「これまでの青」ではないのと同様に、青空の崩れと回復を見て「中和」を体験した自分も、「さっきまでの自分」とは変わり、「この小さな変貌の断続的な繰り返しが体験の質を高め」ると考えています。

筆者は青空の急変という非日常が自己の内面に「中和」と「変貌」（刷新）をもたらすのだという「自負と願望」を持って、その訪れを楽しみに待っていたのです。

しかし、「赤い風船」が目に入るという「事件」が起きます。「貴重な青は、天を目指さない風船の赤に吸収され」とあることから、「赤い風船」にも非日常を感じたことがわかります。そのことによって、筆者の青空に対する「自負と願望」は「あっさり消し去られ」たのです。

「青の明滅に日常の破れ目を待つ」
・青空の崩れ（非日常）に救いを求める
・青空の崩れ（非日常）と回復に自己の内面を重ねて、中和と変貌（刷新）を期待する
という「自負と願望」

↓

「赤い風船」という別の非日常により、「あっさり消し去られた」

ステップ3 解答を決定する

以上より、解答例は「青空の崩れという非日常と回復し新しい空になる様子に自己の内面を重ね救いを求める思いが、赤い風船にも非日常を感じたことで打ち消されたということ。」（71字）となります。

ポイントは①「青空の崩れという非日常と回復し新しい空になる様子に自己の内面を重ね救いを求める思い」、②「赤い風船にも非日常を感じたことで打ち消された」の二点です。